ドン・ヒギンボウサム著

将軍ワシントン

―アメリカにおける
シヴィリアン・コントロールの伝統―

和田　光弘
森脇由美子
森　　丈夫
望月　秀人

共訳

木鐸社刊

George Washington and the American Military Tradition
by Don Higginbotham
Japanese translation rights arranged with the University of Georgia Press
through Orion Literary Agency, Tokyo

図１　C・W・ピールの手になるワシントンの肖像画（1772年）

図2　北アメリカと西インド諸島（1763年）

(Jack P. Greene & J. R. Pole, eds., *The Blackwell Encyclopedia of the American Revolution*, Cambridge, Mass., 1991 見返しより作成)

日本語版への序

ジョージ・ワシントンとアメリカの民軍関係を論じた拙著を、このたび日本の読者の皆様にお読みいただく機会を得て、大変光栄に存じます。この民軍関係という点に関して、日米両国は非常に異なる伝統を育んできました。わが国ではジョージ・ワシントンらアメリカ独立革命の指導者たちが、母国イギリスの経験や思想を取り入れるとともに、独立戦争自体からも多くのことを学びました。一七八七年に制定された合衆国憲法は、しばしば政治的かつ軍事的な文書といわれますが、そこには文民統制の原則が明記されております。独立戦争中、ワシントンが常に大陸会議を上位の権威として尊重したがゆえに、かかる原則を憲法に明示することが容易となったのです。大陸会議は彼を総司令官に任命し、彼もまた大陸会議に対して忠誠を尽くしました。さらに彼は、自らの軍隊の宿営や戦闘の場となった各邦《ステイト》においても、その文民の権威に対して敬意をもって接したのです。

このような民軍関係の伝統に歴代の将軍たちが忠実であり続けたからこそ、われわれアメリカ人は、軍事を社会から切り離して捉えようとはしなかったのです。元将軍たちを大統領に選ぶことをためらわないのも、同じ理由によるものです。じじつ、二〇〇四年の大統領選にもまた一人、華々しい軍歴を持つ将軍ウェズリー・クラークが名乗りをあげており、その証左ということができましょう。

二〇〇三年一〇月

ノースカロライナ州チャペルヒルにて

ドン・ヒギンボウサム

はしがき

本書の最初の三章は、一九八三年一〇月にマーサー大学でおこなったラマー記念講義を下敷きとして、大幅に改稿したものであり、第四章は、一九八四年三月に合衆国空軍士官学校でおこなったハーモン記念講演（「ジョージ・ワシントンとジョージ・マーシャル――アメリカの軍事的伝統をめぐって――」）をもとに、本書の最終章にふさわしいように内容を書き改めたものである。ジョージ・ワシントンとアメリカの軍事的伝統についての私の講義は、意図していた以上に時宜を得たものとなった。マーサー大学のメイコン・キャンパスで講じていたまさにその時、アメリカの軍事行動を報じる記事が新聞の紙面を飾り、テレビ画面をにぎわし、多くの聴講生が様々な意見を開陳してくれたからである。すなわち、レバノンの海兵隊施設の爆破事件であり、合衆国のグレナダ侵攻である。この二つの事件をめぐって、講義を聴講してくれた学生、教官、一般市民の方々から多くの疑問が提起され、礼儀正しい態度ながらも活発な議論が闘わされた。それは私にとって忘れ得ぬ思い出となっている。

この栄誉あるラマー記念講義の二七人目の講師として私をお招き下さったことを、ヘンリー・Y・ウォーノック教授をはじめとするラマー記念講義委員会の方々に、まずは感謝申し上げたい。マーサー大学歴史学科教授で旧友のカルロス・フリック、ウェイン・ミクソン両氏、そして中部ジョージア流のもてなしで私を歓待して下さったフラン・ミクソン夫人にも大いに感謝したい。

また本書は以下の方々のご助言とご助力に多くを負っている。ダグラス・E・リーチ、T・H・ブリーン、W

・W・アボット、ジェイムズ・W・タイタス、フィランダー・D・チェイス、ロバート・K・ライト・ジュニア、ラッセル・F・ウェイグリー、リチャード・K・ショウマン、E・ウェイン・カープ、フォレスト・C・ポウグ、ラリー・I・ブランド、シャロン・R・リトゥナー。何章分かの草稿を読んで下さった方もあるし、また別のかたちで私の洞察を深めて下さった方もあるが、本書に大過がないとすれば、それはこれらの方々のおかげである。

私の勤務校にも感謝したい。教え子の大学院生三名——キャロル・ハンフリー、チャールズ・ブロディン、マーク・トムソン——は様々に貢献してくれたし、卓越したワープロの技能を有する学科秘書リンダ・スティーヴンソンとクリスティ・スパイヴィは、いやな顔一つせず私の草稿を効率的にタイプしてくれた。また学部長のサミュエル・R・ウィリアムソン・ジュニア（現副学長）は、私が学部長を五年間務めた後、一年間の休暇を取れるように尽力してくれた。

マルコム・L・コール氏をはじめとするジョージア大学出版会の優れたスタッフの方々にも謝意を表したい。ナンシー・ホームズ氏は最終稿で文体のチェックを助けてくれたし、エレン・ハリス氏は最終的に本が出来上がるまでの過程で、プロとしての能力を十分に発揮してくれた。

最後に、わが妻キャシーと母モード・J・ヒギンボウサムに感謝を捧げたい。その尽力は筆舌に尽くし難い。そしてこの私の意味するところを、二人とも十分にわかってくれるはずである。

一九八五年三月八日

ノースカロライナ州チャペルヒルにて

ドン・ヒギンボウサム

目次

将軍ワシントン

アメリカにおける
シヴィリアン・コントロールの伝統

序

今年、一九八三年で独立戦争二〇〇周年の公式行事はとりあえず終わるが、私はこのラマー記念講義において、永遠で終わることのないこの革命のある種の側面について述べさせていただくとともに、歴代の講演者が南部史と南部文化に関する知見を広げるのに大いに尽くされたことに深く思いを致したい。今回、一九八三年の記念講義のテーマを「ジョージ・ワシントンとアメリカの軍事的伝統」とするのも、この私の意図するところがともに満たされるのではないかと愚考するからである。

もちろん、このような軍事的伝統のいわば南部版に、ワシントンが本当に相当するのかといぶかる向きもあろうし、それはもっともな疑問というべきであろう。もちろん南北戦争以前にも、南部の傑出した軍事的伝統について論じた南部人はあった。たとえばダニエル・ハンドリーは『わが南部諸州の社会関係』（一八六〇年）において、南部紳士が軍隊生活に「ひどく魅了されている」ことを誇り、それゆえ「南部はワシントンからスコットまで、わが国の偉大な将軍をすべて輩出している」と断じている。[1]とりわけヴァジニアは「将軍たちの母国」として、ワシントンを初め、ウィリアム・ヘンリー・ハリソン、ウィンフィールド・スコット、ザッカリー・テイラー、トマス・J・ジャクソン、ジョーゼフ・E・ジョンストン、そしてロバート・E・リーを生み出している。

歴史家の中にはこのような見方に同調して、次のように論じる者もある。いわく、農村的・農業的・農園的な背景を持つ南部人は元来ロマンティックな性格で、決闘を好み、インディアンとの戦闘にも慣れており、軍務を熱望し、軍事的手段に訴えることをいとわない、等々。ある権威によれば、わが国の独立は南部の流儀によって獲得されたとされる。なんとなれば「革命を勝利に導いたのは、インディアンとの戦いによって培われたヴァジニアの経験であり、コーンウォーリスが降伏したのもヴァジニアにおいてであった」。たしかに一八一二年戦争や、メキシコ戦争、南北戦争について言うならば、南部人が戦争を「始めた」との表現は正鵠を得ている。だがレキシントン、コンコードに関しては、南部的な要素を一切欠いていることは否定しようのない事実であろう。[2]

よくよく考えてみると、ワシントン自身の軍隊経験のなかにも、特別に南部的な要素を見出すことはできない。たしかに彼は若い時分、フレンチ・インディアン戦争では栄光を追い求め、イギリス正規軍の将校任命辞令を渇望した。しかし同様の願望は、ニューイングランド人もニューヨーク人も等しく抱いたものであった。彼は一七五四年に最初の実戦を経験した際、銃撃の音は魅力的だなどと感嘆の声を上げたが、これとてヨークタウンの戦いの際、ニューヨーク人のアレグザンダー・ハミルトンが見せた虚勢を思い起こさせる程度のものであろう。大陸軍の指揮を任された二〇年後のワシントンが、流血や自身の軍事的名誉を求めたというのはあたらない。むしろ逆に、大陸会議に宛てた彼の書簡には、大いなる苦悩がにじみ出ているのである。ベンジャミン・ラッシュによれば、ワシントンはパトリック・ヘンリーに対して次のように感情を吐露している。「アメリカ軍の指揮を引き受けた時から、私は没落し始め、私の評判も低落し始めたのだ[3]」と。円熟の域に達したワシントンにとって、どのような形のものであれ、人間同士の暴力にロマンティックな感情を抱くなどということはあるはずもなかった。かつてエドワード・ブラドック将軍や、その他の上官に対して昇進の嘆願を繰り返した、あの勇み肌の植民地士官の姿はもはやここにはない。将軍として、またのちには大統領として、彼は常に戦争を残酷かつ不愉快な仕事と捉え、国益が決定的に損なわれるのでなければ、何としても避けるべき事態と見なしていたのである。

このように少なくともワシントンに関する限り、植民地時代や独立革命期において南部の軍事的伝統の存在を示す証拠は見当たらないが、それでもあえてかたくなに、南部の特殊性の議論にこだわる論者もある。すなわち、ヤンキーは南部人よりも本当に好戦的だったのかとの問いを逆に発するのである。この点に関しては、フレンチ・インディアン戦争の際にワシントン自身が次のように断言している。「ヴァジニアは、いまだ戦争に不慣れな国である。この騒動が勃発するまで最も深い平安のなかにあり、戦争や軍事について学ぶことがなかったのだ」[4]。同様の議論に対して、マサチューセッツ議会も次のように断じている。すなわち、ハドソン川以南の諸植民地は「戦争状態にほとんどさらされることなく、軍事に疎い人々が住んでいる」[5]が、ニューイングランドでは騒動を大いに好む傾向がある、と。ニューイングランドに関するこのような見方はかなり一般的だったようで、さらに十数年後にもジョン・アダムズが次のように繰り返している。「南部植民地には軍事的性格がほとんど見受けられない。彼らは戦争というものをあまり知らず、このように好戦的でない人々を戦争に駆り立てるのは生易しいことではない」[6]。一七七五年には巨大な感情の発露がアメリカで生じた――チャールズ・ロイスターはこれを「戦争熱」と巧みに表現した――が、これとて主にニューイングランド植民地で見られたものであった[7]。独立戦争中、重責を担った将軍で植民地生まれの者のほとんど、たとえばアーテマス・ウォード、フィリップ・スカイラー、ベンジャミン・リンカーン、ナサニエル・グリーン、ジョン・サリヴァン、ベネディクト・アーノルド、ヘンリー・

ノックス、アンソニー・ウェインといった面々は皆、メリーランドより北の出身であり、主な戦闘も、その多くが北方で戦われたといえる。しかしこのような事例の数々を振り返ってみても、とりたてて重要な知見が新たに得られるというわけではない。つまり、一八世紀から展開する戦争の形態は、北部的か南部的かというよりも、アメリカ的と結論づけられるべきなのである。

ワシントン自身はもちろん南部人だが、それを強く意識していたわけではない。少なくともカルフーンと同時代の人々が意識していたのと同じような意味での南部人ではなく、ジェファソンの頃と同じような意味ですらない。ワシントンはしばしば故郷ヴァジニアを中部と述べたが、そもそもあまり人の出身地を気に留めることはなかった。一七七五年以降、彼は軍隊内や大陸会議内、そして新生の共和国内での統合意識を育むために惜しみなく心血を注いだのである。彼は当代切ってのナショナリストであった。

それゆえワシントンとアメリカの軍事的伝統との関係が、必然的に関心の的とならざるを得ない。もちろんここで言う「伝統」なる語は、すでに述べた南部の特殊性という問題のほか、吟味すべきさまざまな問題点をはらんでいる。たとえば民兵の伝統と正規軍の伝統との確執や、ジェファソンやジャクソンの伝統とアプトンのそれとの対立を指摘する論者もある。また戦略の観点から消耗戦、遊撃戦、殲滅戦、局地戦といった区分を持ち出し、それらの伝統に言及する専門家もいる。しかしことワシントン研究に関する限り、これらの要素は十把ひとからげにして、アメリカの軍事的伝統の範疇に投げ込む方が得策というものであろう。すなわちアメリカの軍事的伝統とは、複雑にして多面的、しかし同時に統一性を有する存在なのである。

この伝統のあらゆる側面についてあらかじめ定義することは、決して賢明な方策ではない。このように過大で曖昧な課題に取り組むことは、かつて南部人の軍事的性向を探り出そうとした論者が直面したのと同じ困難に出くわしてしまうからである。つまりかかる枠組みのなかでは、必然的に論じざるを得ない人々の気質や、ライフスタイル、社会的価値観といった要素を十全に考察することは叶わず、それはたとえこれらの要素と軍事的伝統との関連を前提としても、なお困難を極めるからである。

また、アメリカの軍事的伝統のなかに個々の将軍を位置づけようとする試みもあるが、これらの研究はいずれも無味乾燥で、失望させられるたぐいのものがほとんどである。ワシントン研究の現状もこのようなものといえる。もっぱら軍人が興味を抱くようなものばかりで、異様に肥え太った平時編成の軍隊をあたかも代弁しているかのごとく、さまざまな弁護を繰り広げて研究自体を台無しにしている観がある。

ワシントンとの関連においてアメリカの軍事的伝統を考察する際には、少なくとも次のような諸点が重要であろう。すなわち民と軍との関係のあり方、平時や有事に必要な人員をどのようにまかなったのか、そのアメリカに特有の方法、また将校団の水準や専門性を高めるためになされた取り組み、などである。またこれらと若干重なるが、なかなか定義しにくい以下のような観点も、考察の対象とすべきであろう。将兵をあえて戦闘に向かわせるものと、彼らの出自や価値観との関係、国家の理想や、戦争自体から引き出されるより広範な目標という枠組みのなかで、戦争がいかに遂行されるか、等々。この最後の点は、およそ一世紀半前、クラウゼヴィッツが「戦争とは政治と異なる手段をもってする政治の継続」と述べたとき、まさに彼の心中を去来したものでもあった。

クラウゼヴィッツ自身はアメリカ史にほとんど関心を示さなかったが、彼のこの有名な命題は、ワシントンが軍隊生活で経験した二つの事例からも実証されうる。ワシントンは弱冠二一歳で少佐の階級を得たが、これはフレンチ・インディアン戦争前夜の一七五三年、ヴァジニア民兵隊のなかでの任命であった。彼はオールド・ドミニオン（ヴァジニアの別称）のまつりごとを支配するプランター階級の上層と深く結びついていたため、彼がこの任命を受けたのは、いわば政治的思惑からであった。二二年後、ワシントンはより権威のある任命辞令、すなわち植民地連合——やがて合衆国になる——の大陸軍総司令官の任命を受けるわけだが、この時も彼は自らが選任されたことに関して決して無邪気に受け止めていたわけではなく、実際、ヴァジニアの知人数人に、これは政治的要因の故だと漏らしているのである。当時ニューイングランドは、トマス・ゲイジ将軍率いるイギリス軍と対峙しており、抵抗を継続するためには大陸全体の支援が不可欠であった。大きな影響力と人口を擁するオールド・ドミニオンは、ニューイングランドを支援するために、他の南部植民地とともに文字どおり必要とされたのである。多くの国家において戦争と政治とが密接に結びついているとするならば——ある意味で民主主義国家ではとりわけそうなのだが（ここで民主主義といったが、我々はむしろ共和主義と言い直すべきであろう。なぜなら独立革命を戦った人々は、後者の語を好んだからである）——植民地時代と革命期におけるワシントンの軍事的経験は、わが国の歴史のなかで両者の結びつきを証明するものといえよう。

本書の第一章は、一七七五年以前、ワシントンや当時のアメリカ人が、地域あるいは正規の軍隊として参加した戦争で何を経験したのかを論じる。続く第二章、第三章では、大陸軍総司令官としての経験の蓄積が、どのような影響をワシントンに及ぼしたのかを考究する。最終章では、植民地時代や革命期に発する軍事的伝統のなかで、ワシントンの及ぼし続けている影響について述べる。ある意味でこの伝統こそが、アメリカ人の軍事に対する態度を、いつの時代も常に左右してきたのである。

第一章　植民地時代の伝統

我々が植民地時代の軍人としてワシントンをイメージするとき、脳裏に浮かぶのは民兵士官の姿である。他のヴァジニア人や、他の植民地人がそうであったように、ワシントンも軍人としての肩書きで呼ばれることを好んだ。事実彼は二〇代半ばから独立革命に至るまで、ワシントン大佐と呼ばれていたのである。一七七二年にチャールズ・ウィルソン・ピールが彼の肖像画（図1）――知られている限りで最初期のワシントンの肖像画――を描いたとき、ワシントンは赤い定色（襟章・袖章）に青い生地のコートという、古い軍服姿で絵に収まった。彼はやはりこのいでたちで、一七七五年春の第二回大陸会議に出席している。ピールの肖像画のなかで、ワシントンは剣と三日月章を身につけているが、これらは一八世紀の士官の標準的な装具であり、何ら驚くに当たらない。しかしこの肖像画には、当時のイギリス人士官の肖像画には見られない、あるものが描き込まれていた。それはワシントンが肩に掛けている銃であり、何巻にもわたるワシントンの伝記をものしたダグラス・S・フリーマンによれば、これはマスケット銃ではなくライフル銃だというのである[1]。なぜピールはこのような武器を絵に書き加えたのだろうか。新世界では士官であれ兵卒であれ、すべての男性にとって武器が重要だということを主張したかったのであろうか。もしフリーマンが言うようにこれがライフル銃であるとするならば、この肖像画はまさにフロンティアの香りを漂わせているといえよう。ロングライフルは、中欧で造られていた銃身の短いモデルとは異なり、もっぱらアメリカの奥地でのみ見られたものだからである。おそらく最初にペンシルヴァニアで製造されたと考えられるが、狩猟やインディアンとの戦いのために、マスケット銃よりも射程距離や照準の正確さの点で優れた武器が必要とされ、植民地の鉄砲鍛冶がこの需要に応えて創り出したものなのである。一方マスケット銃は、短距離からの一斉射撃を得意とするヨーロッパの軍隊で用いられていた。

ピールの意図するところに素直に従うならば、今日この肖像画を目にする我々は、母国の職業軍人の伝統とは異なる植民地の軍事的伝統を、ここに見出すことになる。しかも、ワシントンが一躍有名になったフレンチ・インディアン戦争のある戦闘を思い浮かべるとき、その連想は一層真実味を帯びがちとなる。今日ピッツバーグの位置するオハイオ川の合流地点に築かれていたデュケーヌ砦を奪取すべく、エドワード・ブラドック将軍麾下のイギリス軍がフランス軍に戦いを挑んだが、一七五五年七月九日、モノンガヒーラ川近くで大敗を喫した。この時、ワシントンが大いなる勇気を示したのである。深紅色の軍服に身を包み、長い三列横隊で敵と対峙し、旋回・前進・攻撃の訓練を受けたイギリスの正規軍に対し、ワシントンは森林を知り尽くしたヴァジニア戦士の徳を、いわば一身に体現した格好となった。

確かにワシントンらヴァジニア人は、モノンガヒーラ川の戦いで勇敢に戦った。母に宛てた手紙で彼は次のように述べている。「弾丸が四発も私のコートを貫き、乗っていた馬も二頭やられましたが、幸いにも私は怪我ひとつなく、その場を乗り切ることができました」。一方ブラドック麾下の正規軍は、木の陰に隠れながら襲撃してく

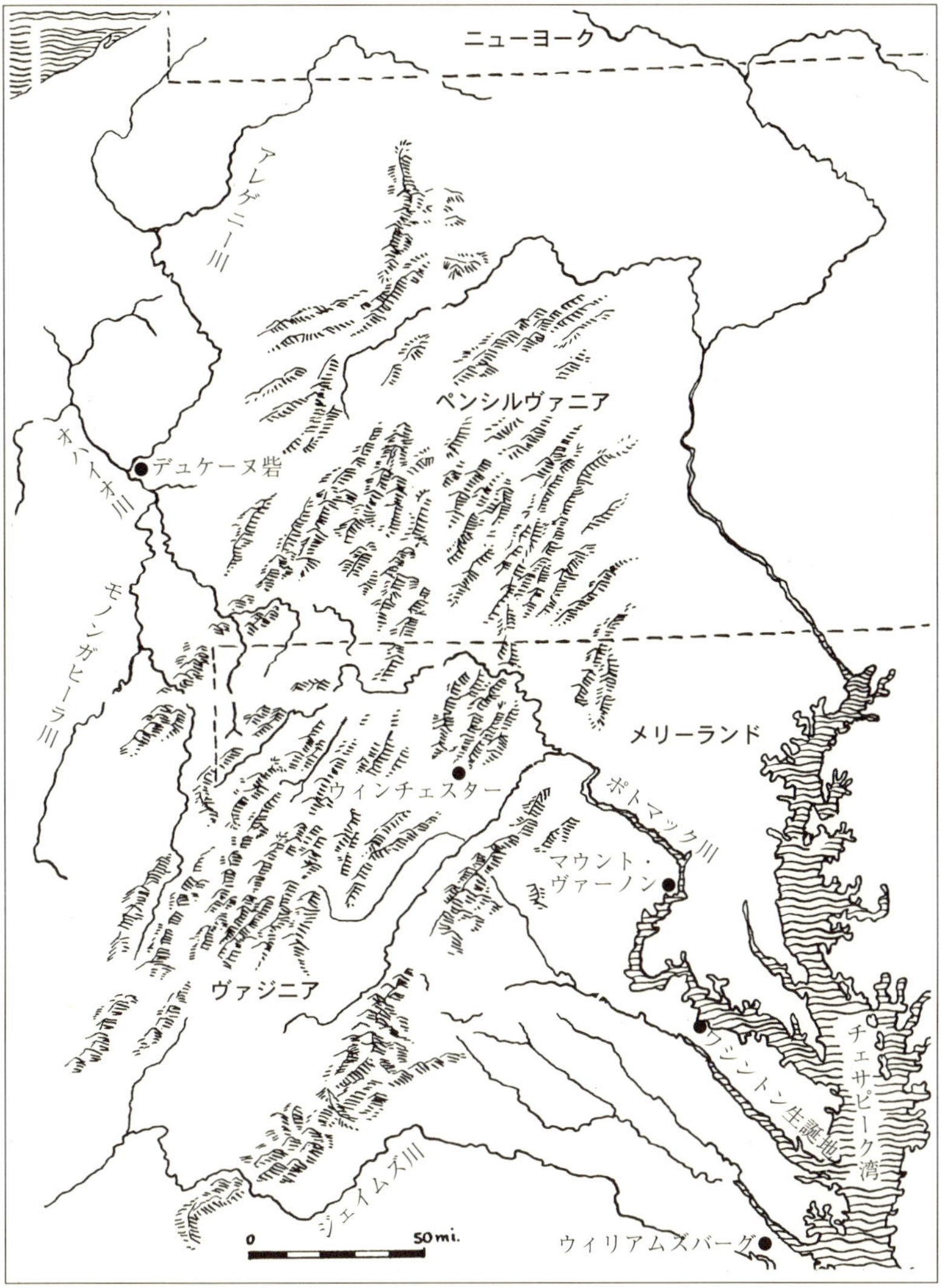

図3　当時のヴァジニアとその周辺（*The Journal of Major George Washington*, Williamsburg, Va., 1754, rep., 1959, p. vii より作成）

る敵に恐れをなして混乱し、不名誉にも多くの兵が敗走したのである。ある者の報告によれば、「我々は敵を一度に五、六人しか目にしなかったが、それはやつらが腹ばいになったり、木の陰に隠れたり、木から木へと走り回っていたから」であった。またワシントンは、「手遅れにならないうちに」自分が植民地軍の指揮をとり、「自分たちのやり方で敵と戦いたい」と申し出たが無駄だった、と後に回想している。正午過ぎには敵の十字砲火によって非常に多くの被害が出て、ブラドック軍は退却を始めた。ワシントンは、負傷して虫の息のブラドック将軍を助けて荷馬車に乗せ、自分自身、まだ病み上がりで弱り切っていたにもかかわらず、夜中から翌朝まで馬を走らせ続けた。そして後方部隊と軍需物資輸送隊にまでたどり着き、食糧・医薬品・ワゴンを急いで前線に送るようにとの指示を伝えたのである[2]。

彼はヴァジニア人を誇らしく思うと同時に、赤服《レッドコート》（イギリス正規軍）に対する軽蔑の感情を吐露している。「ヴァジニア人は男らしく戦い、戦士らしく死んだ。……その日その場で戦った三個中隊のうち、生き残った者はわずか三〇名に過ぎなかった」。一方、正規軍は「解し難いほど臆病な振る舞いをした。死を覚悟し、自らの任務を果たすべく奮闘している植民地軍の目前で、彼らは卑劣な行動をとった。……あたかも犬に追い散らされる羊のごとく彼らは敗走し、その軍列を再編成することは不可能であった」と[3]。

ワシントンら、この戦いで生き残ったヴァジニア人はオールド・ドミニオンの英雄となり、「勇敢な我らが青服」と讃えられた。青色の半ズボンに赤い定色（襟章・袖章）の青色のコートという、植民地慣例の軍服を着用していたからである。ヴァジニア人が語り伝えている彼ら好みの話によれば、ブラドック将軍は戦場で血を流して横たわりながら次のように叫んだという。「わが青服たちよ……やつらにもう一発お見舞いしてやれ」。将軍は臨終に際して「赤服は見るのも汚らわしいと怒鳴りたてたが、青服の兵士を目にすると、何とか彼らに報いるために生き長らえたいものだと語った」というのである。[4]

このようなフレンチ・インディアン戦争のロマンティックな解釈は我々の伝承のなかに深く刻み込まれており、その結果、モノンガヒーラ川の戦いは、アメリカの民兵の方がイギリスの正規兵よりも優れていることの証左として、また、ヨーロッパの兵法や実戦経験が新世界では役に立たないことの実例として、描き出されることになった。実際のところ当時においても、モノンガヒーラの悲劇は、すでに植民地文化のなかに存在していた同様の命題を一層強化する役割を担った。当時のアメリカ人はつね日頃、強健な市民からなる民兵隊は職業軍人よりも信頼が置けると考えており、職業軍人を社会の屑と見なしていたからである。民兵は自らの家や家族を守るという動機があり、この点からも、ただ略奪欲から従軍している軍人よりも優れた戦士たり得ると考えられた。このようなアメリカの民兵の観念はイギリス本国から持ち込まれたもので、それはこれまで何世紀も続いた民兵制度に代えて、防衛の最前線として常備軍を導入したスチュアート朝期のことであった。一七・一八世紀、急進派ホイッグの伝統に忠実であり続けた本国の著作家たちは、給与の支払いを受けるフルタイムの軍隊を恐れ、嫌悪するあまり、もはや近代においては有効性を持たないイギリスの民兵制度を讃え、ほとんど何の訓練も受けていないヨーマンが武器を手にすることの利点を過度に理想化して描いた。そして彼らの著作がアメリカでも読まれたのである。

実際、植民地時代の文学には民兵をテーマにしたものが多く見られる。ピューリタンのニューイングランドでは、年に一度の軍事に関する説教の際に、しばしば民兵について言及された。南部のサウスカロライナでも創設間もない一七一〇年の時点で、あるプランターが次のように豪語しており、同様の見解が確認できる。「もし正規軍が隊伍を組むのが得意というならば……民兵は射撃の腕前でさらに卓越している……常に訓練を怠らないプランターは……イギリスで徴募された卑しい輩などよりも……遥かに優れた兵士たり得ることに疑念の余地はない[5]」。

ブラドックの完敗によってこのような感情はさらに高まり、民兵制度はこれまで以上に高らかに賛美されるようになった。当時著された多くのパンフレットや新聞記事はその証左といえる。ある寄稿者によれば、完敗の原因は次のように至極簡単に、そして紋切り型に説明される。アメリカ人は「親しい友人や親族の復讐のために、また、捕虜となった者を救うために」武器を取るが、「赤服はお金のために戦うからである」。別の論者は「イギリスの古参兵」を守備隊に留めておかなかったのが悲劇の原因だと述べる。そうしておけば、植民地の「不正規兵」全軍が、オハイオ川方面に向けて派遣されることになっただろうからというのである。アメリカの著作家のなかで最も辛辣にブラドックを批判したのは、おそらくボストンの会衆派牧師チャールズ・チョーンシーであろう。彼によればブラドックは「当地での戦いの仕方をまったく知らず」、作戦行動中、部下の植民地人が助言したにもかかわらず、これを「まったく馬鹿にして」無視し続けたと断罪されている[6]。ダグラス・E・リーチは、植民地人によるこのような批判の要点を次のように要約している。「アメリカ人はどこからともなく襲ってくるインディアンや、抜け目のないフランス人との長い戦いの経験から、平地でのヨーロッパ型の戦いのみを叩き込まれた正規軍が評価せず、また身に付けてもいない特殊技能を磨き込んだ。この見方を推し進めてゆけば、森林を知り尽くし、装備のしっかりとした植民地人の小規模な軍隊の方が、はるかに大規模な兵力で、大げさな隊列を組んだ職業軍人の軍隊よりも、特定の条件下においては優れていることも十分にある得る。これは決して等閑に付せない魅力的な命題である[7]」。

時と場所によって強調の度合いは若干異なるものの、アメリカの戦闘は特殊なものであり、正式な訓練を必要としないという考え方は、その後も長く命脈を保つことになった。レキシントン・コンコードの戦いの前夜にも、植民地人は当地の民兵の長所を讃える一方、特にイギリス軍を念頭におきつつ、常備軍の害悪を喧伝している。アメリカの文筆家たちもイギリス本国の議会や大臣たちに向けて、本国が植民地に戦争を仕掛けるならば、かつてブラドックがペンシルヴァニアの森林で犯した失敗を、さらに大規模な形で繰り返すことになるだろうと警告を発した。ある自称「遊撃兵」は、ブラドックの「公式」を次のように説明している。国王の正規軍はなんとかアメリカに上陸し、当初は抵抗もなく前進できるかもしれないが、まもなく「我々は森林戦を挑んで士官たちを簡単に切り刻み、何ら損害を被ることなく、イギリス軍を制圧することができるだろう」と。(8)

民兵を是とする気質は、明示的であれ非明示的であれ、独立革命期には州憲法や反連邦派の著作（またしばしば連邦派の著作）、そして連邦憲法修正第二条のなかに見出される。修正第二条には「よく組織された民兵は自由な国家の安寧に不可欠であり、人民が武器を保持する権利は侵害されてはならない」と規定されているのである。この民兵精神は一九世紀においても、国家の黎明期と同様にアメリカ人の心のなかにしっかりと根づいており、さらに一九四〇年にノースカロライナ州上院議員ボブ・レイノルズがヒトラーに対し、二二口径ライフルを手に携えて大きくなったアメリカの青年たちを軽く見てはいけないと警告を発したのも、この民兵精神がまったく途絶えてしまったのではないことを示す事例といえよう。

しかしながら、このようにピールの肖像画やブラドックの戦役のエピソードなど、ワシントンがアメリカ民兵の権化とされたのは、実は当の本人の何らあずかり知らぬところであった。通り一遍のワシントン研究者がなぜこのように彼を捉えてしまったのか、すでにある程度説明してきたし、後に見るようにまた別のワシントン崇拝者たちは、大陸軍総司令官としてのワシントンの責務を重視するあまり、彼をもっぱら職業軍人の伝統にのみ結び付けて捉えるという愚を犯している。以下の行論で明らかにされるように、ワシントンは民兵の精神、職業軍人の精神の双方とも、無批判に肯定することはなかったのである。

実際のところワシントンは民兵を制度として高く評価したことはなかったし、民兵士官としての強い自覚を持っていたわけでもなかった。アメリカ植民地では民兵の理論と現実との間に大きな乖離があることを知っていたからである。民兵の訓練はたいていの場合、たまにおこなわれるか、もしくはまったくおこなわれないか、といった程度であったし、ほとんどすべての自由な（つまり年季契約奉公人などではない）白人男性を含み、しかも士官が政治的・社会的立場から任命された場合、高い効率性など期待しようもなかったのである。一例を挙げるならば、フレンチ・インディアン戦争の際にワシントンの活躍の舞台となったフロンティア地域、フレドリック郡で民兵中尉の任にあったのは、ヴァジニア在住のただ一人の貴族、トマス・フェアファックス卿で、その郡の連隊の大佐は卿の親族、ジョージ・ウィリアム・フェアファックスが務めていた。

もしワシントンが素直に現実を見つめたならば、彼の得た最初の民兵将校任命辞令、すなわちヴァジニア南部民兵管区の少佐および総務将校の階級も、実際にはかなりきわどかったことを知ったかもしれない。ともあれ士官としての彼の役割は、家から遠く離れ、ヴァジニア植民地大のレベルで民兵の訓練を監督することであった。しかし他の植民地同様、ヴァジニアの民兵訓練も難局の際には大いに尊重されたものの、たいていは社交の場に過ぎなかった。ワシントンの最初の実戦経験から遡ること一世代前、総督アレグザンダー・スポッツウッドはヴァジニアの民兵について、「国王陛下の領土のなかで最悪」と嘆いている(9)。

一八世紀にはフランスやスペインとの戦争など、数々の危機的状況が続いたため、特別の軍隊が必要とされた。その軍隊はヴァジニアなど個々の植民地が直接に指揮系統を掌握している場合もあったし、植民地間で軍事行動をともにする場合もあった。さらにその際も、イギリス軍と共同歩調を取るケースも、そうでないケースもありえた。一七四一年にイギリス軍がカリブ海域でカルタヘナのスペインの要塞を攻撃し、攻略に失敗した時も、ヴァジニアの四個中隊は、他の何千という植民地同胞とともに作戦行動に参加した。のちにヴァジニア植民地全軍の総務将校となるワシントンの異母兄ローレンスも、この戦役に加わっている。またブラドックとともに戦ったヴァジニアの青服の英雄たちも、実際には民兵ではなく、遊撃兵の二個中隊と工兵の一個中隊であり、いずれも森林戦での技術を買われて従軍した。ブラドックは今日人口に膾炙している神話とは異なり、彼らの技術を高く評価していたのである[10]。

ワシントン自身もフレンチ・インディアン戦争の際には、民兵と職業軍人の中間的な立場にあった――もっとも彼自身の見地からすれば確実に後者ということになるが。一七五四年、当時少佐の階級を得ていたワシントンは、ヴァジニア総督ロバート・ディンウィディの指示でオハイオ渓谷に赴き、フランス人にその地から出て行くようにとの警告を伝えたが、この今日有名なワシントンの旅もむろん実を結ぶはずはなく、ただちにディンウィディは壮健な男子を集め、ヴァジニア連隊として知られるようになる軍隊を創設した。そしてワシントンをその連隊内で二番目の階級の士官、中佐に任命したのである。彼は上官ジョシュア・フライ大佐の死後、大佐に昇格した。しかしこの連隊はその年の終わりまでに解散となり、ワシントンは降格の屈辱を避けるために除隊を願い出た。こうして彼はブラドック将軍とともにモノンガヒーラで戦った時、志願兵にして特別補佐官の地位にあったのである。ブラドックの惨敗後、残った赤服はフィラデルフィアにまで退き、ヴァジニアは自らを自らの手で守らざるを得なくなった。植民地の指導者たちはヴァジニア連隊の再結成を決め、ワシントンはより高い階級の将校任命辞令を得て、再び連隊の指揮をとることを承諾した。すなわち「ヴァジニア連隊大佐、および国王陛下のものたる当植民地の防衛のために現在召集され、また将来召集されるであろう全軍隊の総司令官」の地位である[1]。

続く三年間（一七五五年～五八年）、ヴァジニアのフロンティア地域の防衛を確実なものとすべく、ワシントンは自らの連隊を第一級の部隊に育て上げるために心血を注いだ。その過程において、彼は軍人としての優れた資質を、少なくとも次の二点において示したのである。第一に、彼は軍隊生活を楽しむことができた。「どうも私は軍隊向きの性格のようです」と述べているし、ある時は、「軍人として自らの運命を切り開きたい」との抱負を語っている。第二に、彼は軍事的な教育を重視し、自らも機会を捉えては「兵法の知識」を強化すべく努めたことがあげられる。彼はこのような教育を、いわば個別指導方式で受けたわけだが、それは植民地時代において、医者や弁護士を養成するためにとられた教育方法でもあった。ここで言う個別指導方式とは、歴戦の兵士との議論であったり、また自ら進んで関連の書物を読んだり、様々な観察をおこなったり、実戦経験を積んだりすることを意味していた。実際ワシントンは、兄のローレンスが一七四一年のカルタヘナ戦役の思い出話をするのをよく聞いており、その場には、スペインでの戦争に参加した姻戚のウィリアム・フェアファックス大佐や、友人たちも同席していた。ワシントンはまた、カエサルの『ガリア戦記』や、ヨーロッパにおける兵法の達人として知られた『先のシェーンベルク公フリードリヒに捧ぐ頌徳の書』の訳書（彼はこの本をいとこから二シリング六ペンスで買っている）、さらにイギリス軍のバイブルと称され、将校たちが何世代にもわたって愛情を込めて「オールド・ハンフリー」と呼んだハンフリー・ブランドの『軍事教練論』などの書物も愛読している。ローレンスとともにバルバドス島へ旅行した際には、「非常に防備の強固な」駐屯地たるジェイムズ砦の保塁など、この島の防衛施設を詳細にノートに記しているほどである。そして彼が兵法を実際に試す機会は、司令官としてヴァジニアのフロンティア地域で三年間の任務に就く以前に、すでに訪れていた。一七五四年、小規模な分遣隊を率いたワシントンは、メドウズの戦いでジュモンヴィル少尉に勝利して喜んだのも束の間、七月にはネセシティ砦の戦いでフランス軍の小部隊に敗れ、敗北の辛さを味わっている。まだ二二歳にもならない果断な軍人たるワシントンは、より強力な敵を前にして退却することなど思いもよらなかったのである。危険な状況に直面しても決して臆することのない彼の性格は、のちにブラドックとともに戦った際、遺憾無く発揮されることになる。⑫

ブラドックの戦役によってワシントンはさらに実戦経験を積んだだけでなく、常備軍の日々の活動を間近に観察する機会を得た。彼は自らの啓発と後学のために、軍隊内での日々の命令を逐一、小さなノートに書き付けており、その熱心さが窺われる。興味深いことに、彼は同時代人たちのようにブラドックの振る舞いを厳しく指摘することは避け、非難の矛先をもっぱら徴募兵に向けている。彼の感じたところによれば、国王陛下の士官たちはみな勇敢で、自らの危険をものともしないとされる（三〇年後、彼はブラドックについて「あまりにも勇敢すぎた」と好意的に評し、もしも通常の戦闘であったならば、必ずや「地位にふさわしい栄誉を得たであろう」と断じている）。一七五五年の時点でも、ワシントンは依然としてイギリス軍を大いに尊敬していたのである。彼はブラドックから将校任命辞令を得ることを期待し、この自らの野心に固執したために、彼のその後の行動には、大なり小なりその影響が垣間見られる。たとえば彼はわざわざフェンシングをマスターしたが、それは当時の士官のたしなみの一つだったからで、決してそれ以上の価値を持つものではなかったのである。⑬

ともあれワシントンが再結成されたヴァジニア連隊の指揮を引き受けた時、まだ二四歳にも満たなかったが、すでにかなりの実践経験を有していたといえる。そして彼は自らの知識を、士官たちを通じて部隊に伝授しようと務めたのである。もし彼がこの点についてさらに考察を深めたならば、軍事上のリーダーたる者は階級のいかんを問わず、皆すべからく教師たるべしと明言したかもしれない。そしてこの信念は、独立革命という歴史の大舞台において、自らが身をもって示したことでもあった。ワシントンによれば、指揮官が伝えうる教訓のなかで最も価値あるものの一つは、皆に対する公平さの感覚とされる。士官に対する彼の書面での訓示で、現存している最も古い文書のなかには、次のような文言が見出される。「皆に対しては公平さを固く守らなければならない……勇敢さや称賛に値する行為を正確に見極めることこそ、私は自らの最も重要な責務の一つであると理解している……えこひいきで自らの行動が歪められたり、偏見で人を傷付けたりすることがあってはならない」[14]。

この言葉にワシントンが忠実であったことは、おそらく部下のほとんどが認めるところであったろう。そして何よりもこの点こそが、ワシントンが部下の尊敬を勝ち得た理由であった。つまり彼が部下から尊敬されたのは自らの行動ゆえであって、決して彼が単に士官だったからでも、上流階級に属していたからでもなかった。当時の社会においては、社会的・経済的に上位の者は常に敬われ、「ジェントルマン」の呼称も、ごく少数の者しか得ることができなかったにもかかわらずである。翻って今日では、士官は士官ゆえに尊敬される資格があるかのごとくである。もっとも振る舞い方次第で、その尊敬の程度も若干は変わってこようが。ともあれワシントンの生きた時代のアメリカでは、状況はまったく逆であった。つまり人物の性格と振る舞い方によって職務に権威が与えられるのであって、単に職務自体が名声をもたらすわけではなかったのである。このような見方は、口論や党派対立が日常茶飯事だった植民地時代の軍隊において、とりわけ正鵠を射ている。ワシントンも部下への注意のなかで、この尊敬の条件について次のように暗に示している。「覚えておきたまえ。行動が将校を創るのであって、将校任命辞令が将校を創るわけではない。そして『称号』以上のものが期待されるのだ」[15]と。

ワシントンは部下の佐官や大尉に対し、各自の部下の将兵を適切に扱うようにとの指示を繰り返し出している。

また入隊者に対しては、給与の支払いや食糧・備品の供給など、約束すべてを可能な限り計画通りに遵守する旨、確約している。彼はアメリカ史上の鋭敏な軍事的リーダーの例に漏れず、兵士の士気が最も高まるのは、尊敬し、気心の知れた士官のもとで戦う時であることを指摘し、そのため、新兵は「その人物を徴募した士官のもとに配置されるよう」、指示を出している。[16]

ワシントンは公人としての生活を通じて、効率的な行政手続きと高い倫理基準を強調したが、これらの特徴はフロンティアで指揮官を務めていた時期にも、当然ながら確認される。士官には詳細な記録をつけるよう求め、現員数や欠員数、手持ちの軍資金、可能な装備や物資の供給について、定期的に報告を求めた。彼の考えでは、品行方正でない者は兵卒であろうが士官であろうが、懲罰の対象となりうるとされた。事実、部隊からの脱走と並んで彼の逆鱗に触れたのは、なによりも民間人に対する乱暴狼藉であった。それは人道的な理由はもとより、彼の部隊そのものが、様々なかたちで民間からの援助を必要としていたからでもある。「全中隊の大尉に対する一般的指示」と題された長い文書のなかで、ワシントンは士官の心すべき最大の目標として、地域住民を守り、彼らと真の友好関係を取り結ぶことを挙げている。この一点に関してでも、ワシントンは一七五五年にブラドックがとった行為とは、明らかに一線を画していた。ブラドックが植民地住民を扱う際、ほとんど何の気転も忍耐も示さなかったことが、ワシントンの脳裏には刻み込まれていたのである。さらに数十年後、イギリス本国が何千という赤服を北米に進駐させた時、本国と植民地との対立関係は抜き差しならないところにまで至ってしまう。イギリス軍が植民地人の身近に現れ、また様々な要求を突き付けたことから、民間人の家屋に軍隊が宿泊することの是非や、軍による供給・装備の徴発、奉公人の徴集をめぐって、激しい非難が巻き起こることになるのである。[17]

さて一方、戦術の訓練という点においては、ワシントンの考えは実際のところ、当時のイギリスの士官たちとさして異なるところはなかった。イギリスの士官たちのなかにも、軍事関連の書物やヨーロッパでの実戦経験を通じて、遊撃戦などの柔軟な戦術にたけている者が少なくなかったからで、これはワシントンなど植民地の士官があまり気付かなかった事実といえる（ブラドックも決して旧来の戦術にのみ固執した人物ではなかったことが、研究の結果わかっている。彼もヨーロッパ型の軍隊を密林の中を移動させるに際しては、敗戦の当日まで細心の注意を払っていたが、戦闘の始まるその日の午後、モノンガヒーラ川を渡った後に、彼の幕僚たちが注意を怠ってしまったのである）。植民地に赴いたイギリスの高級将校たち――ヘンリー・ブーケ、ジョン・キャンベル、ラウドン伯、そして一七五五年以降のジョン・フォーブスら――は、イギリスの正規兵に正確な射撃や険しい場所での前進、奇襲への対応など、新たな訓練を施すことに力を入れたのである。[18]

ワシントンもヴァジニア連隊の育成にあたり、当然ながら「やぶ」での戦術に重きを置いた。彼は尉官に対し、「正確な射撃を教えることによって、部下の兵士を腕の良い狙撃手に育て上げるよう、努力されんことを期待する」と繰り返し述べている。また逆に、このような訓戒がなされていることから、アメリカ人はみな銃を持ち、その使用法も熟知していたとの説は、単なるフィクションに過ぎなかったことが確認されよう。ともあれ総じて言えば、ワシントンの説教や奨励の文言は、ある一つの方向を示している。すなわちイギリス軍式の訓練である。彼は士官に対し、「この望ましい目的のために」、ブランドなど軍事関係の書物に広く目を通し、「必要な情報を得るよう」勧めている。彼は特に「小隊での新しい訓練方法」を命じたが、これはカンバーランド公によってイギリス正規軍に導入された訓練方法を意味していた。[19] イギリス軍総司令官「ビリー」・カンバーランドに関することであれば何であれ、肯定的な反応を引き出せることをワシントンはおそらく意識していたのであろう。カンバーランド公はカロデンで若僭王チャールズ・スチュアートを破り、オーストリア継承戦争でも戦った歴戦の勇士であり、ヴァジニアの防衛のために正規軍を急ぎ派遣するよう、渋る父ジョージ二世を説き伏せたことから、ブラドックの敗北に際しても、植民地人から非難されることはなかった。ヴァジニア人は公にちなんで、砦や郡、山脈、峡谷、川などにカンバーランドの名を冠している。

カンバーランドは兵士たちから親しみを込めてビリーと呼ばれたが、決して軍隊を民主的な手法で運営しようとしたわけではなかった。ワシントンも初期の戦闘では、民主的手法をニューイングランド方式と呼んで酷評している。彼は昔ながらの金言を繰り返し、「規律こそが軍隊の魂である」と断じている。「それは小人数の部隊をも強くし、弱い部隊にも勝利を約束し、皆に名誉を与える」とされる。彼の信条によれば、規律正しい軍隊とはまた、清潔できちんとした軍服をまとった軍隊であり、彼はこのことを連隊への指令のなかで強調している。ワシントンはフロンティア地域の砦を守備する大尉全員に命じて、下士官一名と徴募兵二名をウィンチェスターに置かれた彼の司令部へ呼び寄せ、特別の訓練や儀礼の手順が正しく守られるように彼らに正確な指示を与え、「今度は彼らが砦の部隊に戻り」、「残り全員に」指示を伝えるよう、取り計らったのである。しかしワシントンにはいかんともしがたいことながら、彼のヴァジニア連隊はどう見ても、イギリスの風刺画家が描く植民地の兵士そのものであった。ぼさぼさの髪、だらりと垂れた靴下、不注意に釣り下げられた武器、てんでバラバラな動き、などである。しかしワシントンの目に映るヴァジニア連隊は、民兵隊でもなく半職業的な軍隊でもなかった。彼らは武器を持つことを「生業」としている限り、あくまでも職業軍人であり、確かに他の植民地の軍隊とは性質を異にしていたのである。[20]

ワシントンは自らの連隊を、英領アメリカのどの植民地の軍隊よりも、イギリス軍の部隊に限りなく近いものにしようと心を砕いた。彼は総督ディンウィディに対し、「より一層イギリス流のやり方で」物事をおこない、「イ

図４　ヴァジニアのワシントン生誕地跡

ギリス軍の経験と判断に敬意を払う」と述べている。副官のアダム・スティーヴン中佐も、ワシントンに対して次のように感情を吐露している。「わが軍の形態がイギリスの連隊の形態に近くなればなるほど、わが軍が常備編成であるとの自負心をより強く抱けるものと思われます」。かつてブラドックからイギリス軍の将校任命辞令を得ようと試みたワシントン大佐は、今度は彼の連隊全部がそのままイギリス軍に編入されるよう、強く求めた。もちろんこれには、彼自身のみならず他のヴァジニア人にもよく知られた前例があった。カルタヘナ攻略のために徴募されたヴァジニア植民地軍が国王の軍隊に編入され、ヴァジニア総督ウィリアム・グーチの指揮下に置かれて「グーチのアメリカ歩兵」と呼ばれた事例であり、ワシントンの異母兄ローレンスも、この時にイギリス正規軍の将校任命辞令を受けている。ワシントンは当時の状況をよく覚えており、戦役自体は完全な失敗に終わったものの、ローレンスは個人的に総督から手厚い待遇を受け、さらに総司令官のエドワード・ヴァーノン提督に心酔したローレンスは、ポトマック川沿いに所有するプランテーションをマウント・ヴァーノンと名付けたのである[21]。

ワシントンは軍服の色を青から赤へ変えたいと長い間望んでいたが、ヴァジニア連隊の指揮官となったことで、その願望にさらにふさわしい理由が付け加わったといえる。彼の指揮下で小規模な部隊を率いていたイギリス軍の大尉が、ワシントンがヴァジニアの発令した将校任命辞令しか得ていないという理由で、二度までも彼の命令を拒んだのである。植民地時代の戦争においては、階級や指揮権をめぐって職業軍人と地元将兵とが相争う事態は決して珍しくなく、これがのちにアメリカの軍事的リーダーにとって大きな問題を引き起こすことになる。ともあれ事態は、カンバーランド砦――ポトマック川のメリーランド側に位置し、ヴァジニアとメリーランドが共同で運営していた――でメリーランド植民地軍の指揮をとり、イギリス正規軍の正式な将校任命辞令を受けていると主張するジョン・ダグワーズィー大尉が、ワシントンと部下の行動を妨げるに及んで頂点に達した。ヴァジニア人はこの事件に非常に敏感に反応し、一七五六年、ワシントンははるばるボストンにまで赴き、自らの連隊を国王の常備軍として編入してくれるよう、ウィリアム・シャーリー将軍に願い出たのである。彼は連隊の士官たちが作成した請願書を携えていたが、そこには、ヴァジニア人も戦時には正規軍と同等の危険と義務を負うのだから、下位もしくは同階級のイギリスの士官よりも劣った扱いを受けるのは納得しかねる旨、明記されていた。

このようなイギリス帝国内での争いの前例がどのようなものであれ、シャーリーはワシントン側に有利なようにカンバーランド砦の事態を収拾しようと努めたが、ワシントンの要求に関しては、自らの権限の範疇を超えると判断した。しかしワシントンの率直さはシャーリーに強い印象を与えたようで、また別の機会に、メリーランド総督ホレイショ・シャープに対して、もしデュケーヌ砦の攻略に植民地連合軍を派遣するとしたら、高い地位に値する植民地の士官は「この大陸には彼をおいて他にはいない」と述べている。[22] しかしこれとて、部下の士官のために、また彼自身のために嘆願を繰り返したワシントンにとって、さしたる慰めとなるはずもなかった。一七五七年の最後の嘆願は、シャーリーの後を襲ってアメリカにおけるイギリス軍総司令官の地位にあったラウドン卿に対してなされた。ワシントンはまたもやはるばるフィラデルフィアまで出向き、卿に直接面会している。面会中、ワシントンは部下の士官たちが作成した簡単な嘆願書を卿に手渡したが、それはもともと総督ディンウィディの協力を求めるために作られた分厚い文書に基づいたものであった。この羊皮紙の嘆願書には士官たちの自己認識と功績が明瞭に書き込まれており、注目に値する。士官の何人かは、一七五四年の最初のヴァジニア連隊結成時からのメンバーであった。

嘆願書のなかで士官たちは、フレンチ・インディアン戦争中、「三年間にわたって厳しく血なまぐさい軍務を勤め上げたヴァジニア連隊は、アメリカにおける他のどの部隊よりも優れている」と述べ、他の部隊と違って――ここで彼らは明らかにブラドックの正規軍の残存部隊や、広くイギリス軍全体を非難の対象としている――「冬営地に引きこもらなかった」が、それは「携わる軍務の性格によるものであり、また部隊の人数が少なかったせいもあって、常に行動する必要にせまられたから」と記している。しかし「ヴァジニア連隊が不正規軍で、他の植民地の部隊以上に尊敬の的となり得ないというのは一体どうしたことなのか」。民兵とはあくまでパートタイムや季節労働的性格を持つ兵士のことであり、現状がいくら混乱しているとはいえ、彼らは自らの部隊が民兵隊ではないことを懸命に説明しようとし、その結果いわば正当な要求として、「国王陛下よりの将校任命辞令をもってしか、大陸に展開している他の正規軍と同等の地位に我々を引き上げることはできない」と断じている。「我々の連隊は正規軍であり、またそのように訓練を受けており、国王陛下の他の連隊と同様に足掛け三年に及ぶ軍務を正規軍として勤め上げたのである」[23]。

しかしラウドンがこのワシントンや部下の士官たちの訴えを退けた時、彼らの失望とフラストレーションはいかばかりであったろうか。卿は南部のフロンティア地域やデュケーヌ砦の奪取などにはあまり重きを置いておらず、むしろ五大湖地方で早急に攻勢に出ることを計画していた。またアメリカに着いたばかりのラウドンは、ワシントンだけでなく、多くの植民地人から嘆願攻勢にあっており、たとえば彼の司令部にはおよそ百名もが馳せ参じ――ワシントンがブラドックに対しておこなったように――ジェントルマンの志願兵として軍務に就きたいと申し出ていた。その多くは最終的に国王からの将校任命辞令を得ることを望んでおり、そのなかには若きウィリアム・ヘンリー・フェアファックス、ウィリアム・バード三世など、傑出したヴァジニア人も含まれていたのである[24]。

しかしワシントンにとって、ラウドンが訴えを退けたことは、彼がフロンティアの司令官として味わった数多くのフラストレーションの、いわば一つに過ぎなかったともいえる。もっともその他のフラストレーションにしても、もし彼が国王より将校任命辞令を受け、それに伴う権威と権限が彼をサポートしたならば、おそらくは耐えることができたし、解消することもできたであろう。さてワシントンは、連隊においていわば教師であると同時に生徒でもあった。ダグラス・フリーマンの言うように、「徴募と規律、そして砦の建設」は、本国と植民地の軍事上の確執と並んで、「経験という学校での厳しい授業」であった。ワシントンはヴァジニア代議会（下院）の議長ジョン・ロビンソンに対し、「私は困難という原野のなかをさまよっています」と述べている。三五〇マイル以上という、アメリカで最も長く伸びたフロンティアに点在する砦の防備に責任を負いながら、一方で必需品（軍服、食糧、装備、武器、弾薬など）は常に不足していた。最初はあれが、次にはこれがといった具合で、しばしばあれもこれもといった事態が生じたのである。彼は気が進まなかったが、非常時には民間人から物資を徴発しなければならないこともあった。しかしその結果、「私は頭を吹き飛ばしてやると脅される始末」だったのである。㉕

何よりも不足していたのは兵力だった。総督ディンウィディはラウドンに対し、ワシントンは徴募の能力に優れていないとうそぶいているが、総督はこのように言うことで、いざ鎌倉という時にヴァジニア人がただちに駆けつけるなどと、ラウドン配下の役人たちがゆめゆめ思わぬように、因果を含めたのである。オールド・ドミニオン（ヴァジニア）は自由土地保有者の植民地であり、彼らは自主独立を重んじ、統制を忌み嫌った。そのため兵士の徴募はなかなかはかどらず、ヴァジニア連隊の実兵力は最低時で四〇〇名以下、多くても一五〇〇名を超えることはなかった。㉖

したがって遠隔地の砦を維持したり、フランス人やインディアンの急襲に対応するためには、ワシントンは民兵に徹頭徹尾依存せざるをえなかった。しかし彼の目に映った民兵は、よく言っても必要悪以外の何者でもなく、義務兵役の一形態としてのみ機能する存在に過ぎなかった。民兵は郡の中隊から召集を受け、兵役中は新たな仮の部隊に再編成されたのである。この召集された民兵は常にワシントンの悩みの種で、彼らの装備が万全かどうか、また十分な兵力たりうるか、さらには十分な期間、部隊に留まっているかどうか、様々に気を配る必要があった。民兵隊の武器はたいてい不足しており、たとえば二〇〇名からなるカルペッパー郡の分遣隊の場合、銃の総数は部隊全体でわずか八〇丁であった。㉗また兵員の集まりも悪く、ただちに馳せ参じるどころか、三々五々やって来て、しかもその数は常に徴募数よりも少なく、無関心や身の安全のために召集をまったく無視する例も散見された。一七五六年にワシントンがオーガスタ郡の民兵の三分の一に召集をかけた際には、一三分の一しか姿を現さなかったのである。非常時に召集される民兵は、当初のきまりでは三〇日以上持ち場に留まる必要はなく、しかもその日数には、部隊にたどり着くまでの日数や家に帰還するまでの日数（ほぼ半月）も含まれていた。民兵に関する法規は一般的にはさらに長期の兵役義務を求めていたが、しかしそれでも一七五六年と五七年の法律によって、兵役に就いた年の一二月一日を超えて部隊に留まることや、植民地外への派遣などは禁じられていた。そのため帳簿上は二七、〇〇〇名もの兵員を擁しながら、決して兵力が満たされることはなく、ワシントンによれば「死人を召集する」程度の効果しか期待できなかったのである。㉘

民兵に関する問題点は他にもあった。彼らはしばしば敖慢な態度をとったり部隊内の秩序を乱したりしたが、ヴァジニア連隊と違って軍法の適用を受けなかったために――植民地議会は本国の反乱法にならって法律を制定し、兵士の脱走や反乱、不服従には死刑の適用も認めていた――、懲罰の対象となることがほとんどなかったのである。たとえばある時、珍しく規律正しい民兵隊が召集されたが、インディアンの戦士の一団が襲ってくるとの知らせを受けるや、その情報が間違いだと判明する前に、ウィンチェスターに集合したその数百名は雲散霧消したのである。ダグラス・フリーマンによれば、「千名もの戦争狂いの野蛮人たちが町に入ったと、早馬が叫びながら通りを駆け抜けると……男たちは……自分たちが頭皮を剥がれるさまを想像し……ウィンチェスターからブルーリッジ峡谷方面へと、群れをなして逃げ出し始めた。一時的に身を隠すという格好すらせずに、彼らはなりふり構わずいっせいに逃走したのである」㉙。

不正規兵たる民兵は、軍服を着用したヴァジニア連隊の将兵が自分たちを見下していると感じており、事実その直感は当たっていた。異なる訓練を受け、異なる規範の下にある兵士たちが一緒に行動する場合に緊張関係は付き物で、それはワシントンたちがイギリス正規軍と行動を共にした時、身にしみて感じ、またのちの革命期においても、大陸軍と民兵との確執に再現されることになる。ともあれプリンス・ウィリアム郡のある民兵は、「青服」が威張りくさっていると傲慢な口調で非難し、この侮辱に耐え切れなかったヴァジニア連隊の兵士が営倉でこの民兵を平手打すると、同僚の民兵たちが営倉に押し入って当の民兵を解き放ち、上位の権威に対する軽蔑の念を示すために、「その建物を引き倒す」という事件も発生した（不道徳や抑圧を象徴する建造物をバラバラに壊すことは、一八世紀においては公然たる反抗の意を示す典型的な行為であった。たとえば売春宿や収税吏の家などが格好の標的となった）。自由になった当事者の民兵はさらに怪気炎をあげ、ヴァジニア連隊の士官は皆「悪党ぞろいで、全部隊を自分の前にひざまずかせてやる」などとぶち上げたのである。この手におえない「無礼な輩」は、連隊の誰かが叩き出したが、この事件についてワシントンはごく簡単に触れるのみで、じれったい思いを禁じえない。[30] おそらくワシントンや士官たちは、また別の視点から事件を見ることができたであろう。

ともあれほとんどの民兵は、このプリンス・ウィリアム郡の男たちのように暴力的だったわけではないが、自らの利益を守ることにかけては人後に落ちるところがなかった。兵役をまじめに勤め上げた者も、さらに期限を越えてまで部隊に残ることはなかった。もし必需品が支給されなかったり、約束が守られなかったり、脱走の好機がめぐって来たりしたならば、黙って苦難を甘受する者などいなかったのである。「卑しい者ですら、みな一家言持っており、やたらと指図をしたがる」とワシントンは嘆いている。「そして自分の考えが容れられなかったならば、軽蔑され、見下され、傷つけられたと思い、自らの間違いを正すことなく、勝手に帰郷してしまうのである[31]」。

仮にこれらの者たちが自らの権利について何らかの知識を持っていたとしても、それは必ずしも彼らが英米の文学作品で讃えられたような立派な市民兵だったからではない。植民地議会は有権者の圧力に押されて、「下院の選挙権を持つ自由土地保有者や戸主」には兵役義務を科さないことを、一度ならず決議しているのである。万が一、中流・上流の男性の名前が召集名簿に載ったとしても、代理の者を雇うなり、一〇ポンドの手数料を払うなりして兵役を免れることができた。その結果、ワシントンは兵士の供給源として、ますます下層の人々——彼の言う「だらしなくみすぼらしい極貧の家庭の者たち」——に依拠せざるを得なかったのである。ともあれこのような「仕事もせずぶらぶらしている者」や家族を捨てた夫や父親、浮浪者、そして年季契約奉公人、自由黒人、インディアンなど、民兵の枠組みからはみ出た者たちもみな、早晩、召集・強制徴募の対象となった。そして彼らは民兵組織には組み込まれず、より長期の兵役義務を科されたヴァジニア連隊の兵卒としてフロンティア防衛に駆り出されたのである。これもまたワシントンの悩みの種となった。たとえばチェロキー族に頼み込んで、戦士を七名、インディアンを妻に持つ白人男性を三名、連隊の兵士として獲得したこともある。もっとも軍隊の指揮官が、兵員を社会の底辺で何とか確保しなければならないような状況は、アメリカ史上、決してこれが最後の例というわけではない[32]。

しかしなぜヴァジニア植民地政府は、辺境地域で勝利するために確固たる政策をとらなかったのだろうか。戦争自体の辺境的性格が、その理由の一つとしてあげられよう。つまり多くのヴァジニア人は、この遥かかなたで戦われている戦争に実感が持てず、オールド・ドミニオンに対する脅威が実際に存在しているとは信じられなかったのである。この戦いは本来不必要なもので、総督ディンウィディとオハイオ土地会社の貪欲な膨張政策が引き起こしたと見る向きも少なくなかったことは、ワシントンがラウドン卿に対して認めているとおりである。こうして、それでなくとも不人気なこの戦争をさらに人気のないものにしないために、植民地政府は有産市民層——自由土地保有者——の召集を見合わせざるを得なかった。もちろん彼らに民兵として短期間の兵役義務を科すことはあっても、これは前述したように容易に回避することができたのである。その代わり、政治的発言権のない者たちやヴァジニア植民地外から兵卒を募り、ヴァジニア連隊に配属したが、後者の多くは外国生まれであった。そもそも当時の浮浪者のたぐいは、戦争の帰趨に責任を持つこともなく、軍法下におけるその扱いや給与から見る限り、民兵と比べると文字通り二級市民であり、その徴募が滞ったり、脱走率が高かったのも十分に首肯される。ジェイムズ・モーリー師が一七五六年六月に記しているように、徴募されたヴァジニア連隊の兵卒のなかに「財産や家族を持つ者は見当たらなかった」のである[33]。

ワシントンが何事においても楽天的になることができず、独立革命を担ったどの人物にもまして、人間というものに対して理想主義的な見方ができなかったのも驚くに当たらない。ワシントンはつねに人間の利己主義的な側面を念頭に置かざるを得ず、それはフレンチ・インディアン戦争中、郷土の防衛という大義のためですら、責任ある市民たちから志願兵を募ることができなかった事実に端的に示されている。もし一七五八年に運が上向くことがなかったならば、彼は自らの最初の軍隊経験をまったく皮肉な目で見ることになったかもしれない。ともあれ一七五五年から五七年までは、ワシントンの小規模な部隊のみならず、英領アメリカのあらゆる場所で惨澹たる状況が見られた。オンタリオ湖のほとりにあるオスウィゴ砦、ニューヨークのウィリアム・ヘンリー砦はともに敵の手に落ち、フランスのルイスバーグ（ルイブール）砦を奪取しようとしたラウドンの作戦は失敗に終わった。しかしウィリアム・ピットが新たに首相となり、きしんだ戦争装置に改めて油をさし、国庫から自在に軍資金を引き出すようになると、すべての流れが劇的に変わった。一七五八年にはデュケーヌ、ケベック、ルイスバーグの三方面で一挙に攻勢に出て、ジョン・フォーブス准将は正規軍と植民地軍を率いてオハイオ川の分岐点にまで歩を進めたのである。

こうしてワシントンにも絶好の機会が訪れた。彼は本来積極的で攻撃型の士官であるにもかかわらず、この戦争においても、またのちの独立戦争においても、もっぱら守備を旨とせざるを得ない状況に追い込まれている。ともあれ彼は国王からの将校任命辞令についてはほとんどあきらめつつも、この好機を捕らえて自分をフォーブスに売り込み、自らの業績と経験にふさわしい待遇をもって迎えられんことを求めたのである。彼はジョン・スタンウィックス准将にフォーブスへの口利きを依頼し、「十把ひとからげの植民地士官」とは違うことを、何とか「自分に有利なように口添えしてほしい」と懇願している。またモノンガヒーラでともに戦った戦友のトマス・ゲイジ大佐にも、「自分はアメリカ中のどの植民地士官よりも長く軍務に就いている」のだから、なんとかうまくフォーブスに取り成してほしいと頼み込んでいる。[34]

フォーブスもワシントンも、一般的に言って植民地の軍隊のレベルが低いことについては意見の一致を見ていたが、ワシントンに言わせれば、彼の連隊の士官たちや兵卒の一部は例外ということになろう。ともあれヴァジニア連隊は、他の植民地軍とともにデュケーヌ砦の再攻撃に加わることになった。フォーブスはアメリカの士官たちを「潰れた宿屋の主人や乗馬の騎手、インディアン相手の商人どもの集団」などとこき下ろしたが、ワシントンについては希有な例外と認めていたし、フォーブス麾下の大佐たちも同様の認識を抱いていた。彼らの要請に応じて、ワシントンは四、〇〇〇名もの兵力——フォーブスの展開した全軍の総数——が隊列を組んで密林地帯を行軍するのに最適な進路を地図に描き、また「森林地帯で戦列を」すみやかに整える方策についても進言したのである。[35]

フォーブスがこのワシントンの提案を若干修正したかたちで採用したのは、一一月半ばのことであったと考えられる。骨の折れる道路建設の仕事にすでに何ヶ月も費やしていたフォーブス将軍は、今や冬将軍や時間との戦いに追われることになった。植民地軍の兵士の多くが、一二月一日をもって除隊する予定になっていたからである。ワシントンは主力軍の前に三個師団を配する行軍形態を提案したが、フォーブスはこれをそのまま取り入れ、先を行く三個師団に対し、道なき道を切り開いて、目指すフランス軍の砦まで進軍して行くように命じた。ワシントンは唯一の植民地人としてこの師団の一つを率い、ヴァジニア、ノースカロライナ、メリーランド、デラウェアの各植民地兵からなる部隊を指揮したのである。しかしながら彼らはフランス軍の待ち伏せを撃退したり、銃火を交えて勝利の美酒を酌み交わすなどという機会にはついに恵まれなかった。そもそも数で劣るフランス軍は、イギリス軍が悪天候を突き、密林をものともせずに進んでくるさまを目にすると、フォーブスの斥候部隊が到着する前にかろうじて砦を焼き払い、ほうほうのていで逃げ出してしまったからである。

こうして戦役はクライマックスを迎えることなく終了してしまったが、これに参加することで、ワシントンの軍事的知識は大いに深まりをみせた。フォーブスの指揮した軍隊は、ワシントンが経験した最大規模のものであり、将軍のきびきびとした命令の数々——すみやかな集合、悪天候での武器の保護、装備の点検など——を目の当たりにして、ワシントンはかつてブラドックから学び取ったのと同様に、様々な知識を貪欲に吸収したはずである。フォーブスは堅実かつ精力的な軍人であると同時に、軍隊を一つにまとめ上げ、維持するという行政能力にも秀でていた。もちろん行政能力という点に関して言えば、ワシントンも不十分な物的・人的資源をやりくりしながら、森林地帯に広く展開する部隊を維持するという、離れ業を演じてみせたのである。もしこの時点でワシントンが自分の将来を知ることができたとしたら、敵と正式に交戦する機会を逸した失望感は、フォーブスのもとで軍隊経営の知識を吸収したことによって補われて余りあると感じたであろう。ともあれワシントンは、ヴァジニア連隊大佐として最も火急の目的、すなわちオハイオ川の分岐点——フランスがオールド・ドミニオンの辺境地帯を蹂躙するために、敵対的なインディアン部族を送り込んでくるその源泉——の奪取に見事成功したのである。

一方、自らの連隊に深紅色の軍服を着せるという彼の二つ目の目標は、結局失敗に終わった。特に今回は、王立アメリカ連隊の一部が戦役に加わっていたこともあって、その失望感はさらに深いものとなった。ワシントンが王立アメリカ連隊の指揮権や、さらにはヴァジニア連隊に同様の地位が与えられることを心中密かに期待したであろうことは、想像に難くない。王立アメリカ連隊とは正式には歩兵第六〇連隊といい、植民地人からなる唯一のイギリス軍の部隊だが、その将校クラスはみな本国人で、このような状況はワシントンや彼の士官たちを憤慨させるに十分であったろう。それでもこの連隊のベテラン指揮官ヘンリー・ブーケは「その気質と経験において……ワシントンが私淑しうるすべての軍人のなかで、おそらくフォーブスに次ぐ人物」とダグラス・フリーマンが述べているのは、決して誇張ではない[36]。

ワシントンとブーケはどちらも軍人としての共通した資質、すなわち部下の士官たちに強い団結心をもたらす才能に恵まれていた。ワシントンが部下に一体感を与え得た理由として、たとえば以下のような諸点があげられよう。彼らに正規兵としての地位を確保すべく奮闘したこと、ウィリアムズバーグ（ヴァジニア植民地の首都）に集う議員たちからの批判に対して彼らを守り抜いたこと、必要物資を調達するために尽力したこと、部下をえこひいきなく公平に扱ったこと、などである。ワシントンに対する士官たちの敬愛の念は、あらゆる機会・場所でその発露が認められるが、一七五八年末の事例はその最たるものといえる。この時ワシントンは様々な理由――当初の目的だったデュケーヌ砦の奪取に成功したこと、国王からの将校任命辞令を獲得する可能性が完全に潰えてしまったこと、結婚を間近に控えていたこと、代議会（下院）に議席を得たことなど――から、ヴァジニア連隊の任命辞令を返却し、司令官の職を辞したが、ワシントンと別れるにあたり、部下の士官たちは「送別の辞」にみなで署名し、次のように心から別れを惜しんでいる。「心中を察して下さい……かくもすばらしい司令官にして真の友人、そして思いやりに満ちた仲間と別れなければならない我々が、どんなに嘆き悲しんでいるか」。ワシントンの決断が覆ることはないとわかっていながらも、彼らはあえてこう付け加える。「あなたの存在のみが、我々みなの胸に固い団結心と情熱を呼び起こすのです……我々が胸襟を開き、心から敬愛するあなたに率いられている時のみ[37]」。このような文言は今日の我々の耳にはいかにも大げさに聞こえるかもしれないが、決して単なる美辞麗句のたぐいではない。若干二六歳の植民地士官にとって、これは求めうる最高の賛辞といえる。戦場で率いた部下からこのように慕われることは、当時も今も、士官にとっては最高の栄誉であろう。

戦争中、ワシントンとずっと行動をともにしたスコットランド人のロバート・スチュアート大尉（ブラドックの戦役の時も、致命傷を受けたこの将軍を二人で助け出している）は、後年、次のようにワシントンに書き送っている。「私は虚栄心などからでなく、心の底から思うのですが、ヴァジニア連隊ほどの部隊はかつてなかったし、これからも現れないでしょう」。スチュアートのこの言葉はまさに的を射たものといえる。ワシントンは様々な困難にもかかわらず、軍隊における教師として見事な成功を収めたのである。彼の若き士官たち――総督ディンウィディによれば、当初、まったく軍事的知識を欠いた者たち――は、フォーブスやブーケによって高く評価され、徴募された兵卒たちもまた、その持てる能力を十分に発揮した。ワシントンはディンウィディの後任の総督、フランシス・フォーキアに対し、次のように誇らしげに述べている。「将軍は連隊の者たちの振る舞いが非常に良いと、公の場で私にお褒めの言葉を下さいました……［フォーブスの］スコットランド高地連隊兵と……［ヴァジニア連隊兵は］一心同体となり、どこでも出会えば手を握り合ったのです[38]」。

実際、フォーブスの戦役のあいだ、ワシントンはついに連隊を完全なかたちで指揮することができた。ウィリアム・ピットが補助金の支出をヴァジニア政府に約束したために、一七五四年からの防衛政策の「礎石」であった徴兵制度に代えて、一七五八年以降は志願兵に対して十分な報奨金を与える制度を採用できたからである。サミュエル・デイヴィス師がいみじくも説教で喝破したように、「もはやヴァジニア人は武器を取ることを強要されず、自由人として自らその選択をおこなうことが可能となった」のである[39]。

しかしながら、このように兵役に就くことが経済的に魅力的なものとなった一七五八年より前の段階においても、すでにワシントン自身の強い説得力が、兵卒に連隊との一体感をもたらしていた事実も指摘しなければ、彼に対して――また部下の兵卒に対して――不公平というものであろう。兵卒のなかには、その社会的出自や、ヴァジニアの戦争目的に対する考え方の如何を問わず、自ら志願してワシントンとともに連隊に留まった者もいたのである。彼らは悪条件を耐え抜き、またそうすることで一層、連隊内での団結心を育んだ。彼ら「青服」が、当時から言われていたように経済的に貧しい者たちであり、またこの戦争が一部エリート層の膨張欲から引き起こされたものであったとしても、ワシントンはたとえば後の独立戦争で大陸軍の兵士たちを鼓舞したような「輝かしい大義」の存在を、彼らに対して押し付けることはなかった。ワシントンや連隊の士官たちは、ただ「プロ意識」とでも言うべきものを強調することができたのみである。このプロ意識なるものについては、さらに説明を要しよう。この意識はすでにフォーブスの戦役より一年も前、連隊内で着実に根付きつつあったことが窺われる。一七五七年、連隊の二個中隊がサウスカロライナ植民地のチャールストンに一時的に派遣された時、彼らは――ジョージ・マーサー大尉の言葉によれば――「すべての［イギリス軍の］士官たちから、ブラドック将軍の時とはまったく違う目で見られました……士官たちが話してくれたところでは、我々の格好ほど彼らを驚かせたものはなかったというのです……というのも彼らは今回も、他の植民地兵と同様にぼろをまとった無秩序な一団が、やはり同じような格好の士官に連れられてやって来るものとばかり思っていたけれど、なんと見事に隊列を組んで、兵士らしい立派な身なりの集団が現れて、しかもその行動が細部に至るまで、軍隊に求められる水準をすべてクリアしていたというのです」。イギリス軍の士官たちは、ヴァジニアの士官たちの姿格好——自分たちと同じように「立派な軍服に飾り帯と三日月章を付け、刀を正しく吊り、三角帽をかぶっている」——だけでなく、そのリーダーシップにも感服しており、このチャールストンへの分遣隊を指揮したアダム・スティーヴン中佐がこの部隊を大いに誇っているのもうなずけよう。分遣隊の戦術的能力に関する彼のコメントは、ヨーロッパとアメリカの方式をミックスさせたワシントンの教練方法が、非常にうまく機能していたことの証左といえる。彼の部隊は北アメリカのどの正規軍部隊にも引けを取らないほど「よく訓練されており……あたかもプロシア人のごとく隊伍を組み、密林で『タルタル人』のごとく戦うのだ[40]」。

スティーヴンはさらにこう付け加えたかもしれない。訓練によって部隊の能力が高まり、次いで部隊が構成員一人ひとりのベストを引き出すのだ。そしてそこには尊敬を集める部隊の一員としてのプライドも含まれているのだと。要するにこれこそが「プロ意識」なのである。もしスティーヴンが下士官も部隊の団結に大いに貢献していることを同様に指摘したならば、もちろんワシントンもただちに同意したであろう。ヴァジニア連隊には長く勤務する軍曹が何人かおり、なかには士官に昇格する者もいたのである。つまり、兵士としての行動と社会経済的地位とを安易に関連付けることは慎むべきであって、これは近年の研究——フレンチ・インディアン戦争に徴集されたマサチューセッツ湾植民地の兵士で、課税・財産関係の史料に名前を見出せない者が、兵士としての適性を発揮した例——などからも支持され得るのである[41]。

ともあれヴァジニア連隊は一七六二年の解散に至るまで、何年間にもわたって良い評判を維持し続けた。南部植民地でイギリス軍を率いたロバート・モンクトン准将は、上官のジェフリー・アマースト将軍に対して、ヴァジニア連隊は「古くからの権威ある国王の連隊と同様の任務を」見事にこなしたと述べている。このような連隊の「傑出した性格」は、スチュアート大尉によれば、ワシントンが軍務から退いたにもかかわらず、やはり彼の「軍人としての才能」に帰すべきとされる。ワシントンの書簡から明らかなように、彼は退役後も連隊の活躍ぶりについて、大いなる誇りを持ってフォローし続けたのである(42)。

しかしながら本国人やヴァジニア人のなかには、ワシントンの退役は本国にとってもアメリカにとってもさして深刻な痛手ではないと考える向きもあった。ワシントンが軍人として卓越した才能を発揮したことを思うならば、このような見方は不公平に感じられるかもしれない。だがワシントンは、民間人であれ軍人であれ、自分より目上の者が抱える問題に対してまったくの無理解、もしくは無関心をあからさまに示すところがあった。人的・物的資源の不足や銃後の不和、不完全な行政組織、植民地間ないし植民地と本国間の法的な対立など、奥地における戦いの中ではいかんともしがたい様々な障害を、手っ取り早く誰かのせいにしがちだったのである。

軍人としてのワシントンはまた、非常に政治的な行動をとるようにもなった。かつては総督ディンウィディと親しく交わり、総督は機会あるごとにワシントンを盛り立てたのだが、この二人の仲が急速に冷え切ってしまったのは、おもにワシントンの方に責任があった。ワシントンは総督から満足のいく返答が得られなかった時、つまり自分の抱える問題に対して総督が適切に反応しなかったと感じた時には、総督の頭越しに植民地議会のリーダーたち――参議会（上院）議員のウィリアム・フェアファックスや、下院議長で出納官でもあったジョン・ロビンソンら――に宛てて、総督を非難する手紙を送りつけたのである(43)。

連邦憲法下における今日の合衆国と同様に、当時のヴァジニア植民地においても戦争の意思決定には多くの機

図5　ヴァジニアの首府ウィリアムズバーグの議事堂

関が関わっており、それを考えると、ワシントンが精力的に手紙を書き続けたのもわからないではない。このような権限の分断状況は、戦争関連の管轄権や政府の戦争遂行能力をめぐって、たえず確執を生み出してきた。ヴァジニアなどの植民地では、議会の軍事上の権限は、帝国内での長く広範な対立の経験を通じて、一八世紀にしだいに形作られてきたものであった。もし総督がワシントンの連隊のような半職業軍人的な部隊や、民兵隊などを大規模に召集しようとしたならば、植民地議会は戦費の精査の権利を必ず求め、またロンドンの役人が本国政府の行政権限に属すると判断するような分野についても、様々な権利を要求したのである。ヴァジニアではこのような慣例は、すでにディンウィディの総督就任以前に完全に定着しており、彼も参議会（上院）と代議会（下院）が歳出を監督するために合同で委員会を設置することを、渋々ながら認めざるを得なかった。[44]それゆえワシントンがディンウィディから直接に指示を得られなかった時には、有力議員に対して戦況や連隊の装備状況を逐一知らせたのも、あながち理解できないわけではない。

ヴァジニアの権力バランスがはっきりと下院に傾きつつあることをワシントンが理解していなかったはずはないし、また原則として有権者から構成される民兵隊と異なり、彼の連隊が政治的後ろ盾をまったく欠いていることにも、すでに戦争の初期の段階から気付いていたはずである。そのため彼は戦場で指揮官としての責務を果たすと同時に、議会に対しても積極的に働きかけざるを得なかったのである。

ワシントンがフェアファックスやロビンソンに対して吐露した様々な憂慮は、ディンウィディ宛ての書簡にも同様に見出されるが、彼は総督の性格や、議会有力者とのコミュニケーション能力にまで踏み込んで中傷的な言葉を並べ立てており、その態度は決して褒められたものではない。彼によれば、総督の反応が鈍いのは総督自身の性格に一部起因するもので、総督はワシントンの信用の失墜を計っているかのごとく描き出される。下院議長に宛てた一七五六年一二月一九日付けの書簡で、彼は次のように述べる。「私の立場は曖昧で疑わしく、不確定なものとならざるを得ません。なぜなら私は今日認められていても、明日咎められるからです。危険な状況下での行動、前進を余儀なくされる一方で、その結果についての責任だけは私に負わされます。そして弁明の機会すら与えられないまま、非難されるのです！」[45] もちろん彼の態度にも、情状酌量の余地は十分にあろう。当時大佐のワシントンとディンウィディは年が三九歳も離れており、滞在地も片やフロンティアのウィンチェスター、片や低地帯のウィリアムズバーグと大きく隔たるなど、両者の物理的・心理的距離は容易に克服し難かったからである。しかしそれでもなお、ワシントンの態度は決して称讃に値するたぐいのものではない。

このような総督に対する非難と同様に、ヴァジニアの行政府や立法府に向かって彼が投げかけた刺のある言葉も、弁護の余地はない。自由で開かれた社会において、軍人は頭では文民統制の原則を認めつつも、いわゆる民主的手続きなるものがやたらと遅く、間が悪いことにしばしば憤りを覚えることがある。ワシントンもこのような苛立ちを、一七五七年にラウドンに宛てた「軍人同士の」手紙のなかで吐露している。彼はウィリアムズバーグの議員たちが軍事的知識に疎いことを嘆いているが、促されればさらに次のように続けたであろう。自分は諸々の事情の説明と自己の主張の正しさを証言するために定期的にウィリアムズバーグまで赴かざるを得ず、しかもその結果、しばしば自身や部下の行動について不公平な指摘や厳しい批判にさらされるのだと。[46] ワシントンは議員たちを「炉辺の政治家」と揶揄しているが、彼らは「私の抗議には一切耳を貸さず」、失敗ばかりをとがめだて、しかもフランス人やインディアンの脅威というこの非常時の最中に、社会秩序や連隊の必需品のことよりも、個人の自由などという、ちまたの人々の主張ばかりに耳を傾けていると、不満を隠さない。物資の徴用や民間人宅への軍隊の宿泊を可能にし、また軍法会議の権威を高めるためには、軍事に通じた立法府が広範かつ厳格に対処することが必要なのであって、これなくして勝利はないとワシントンは主張し、さらにこのような法律のない今、自分は心ならずも植民地防衛のためには、最後の手段として超法規的措置も検討せざるを得ないが、相変わらずあくまで「自由を墨守する」覚悟の議員たちは、「法律に厳格にのっとらないあらゆる手続きを非難、批判し、そのためにどんな事態を招くことになるのか、一顧だにしない」と述べる。[47]

フォーブス自身、植民地の立法府からその専制的な態度を非難されていたこともあって、ワシントンの見解をかなり好意的に受けとめたようである。ともあれ、あたかも文民統制を軽視するかのようなこのワシントンの意見は、意外にもプリンス・ジョージ郡選出のベテラン議員リチャード・ブランドによって支持された。ブランドは多くの随筆をものし、高い評価を得ていたが、一七五六年の『ヴァジニア・ガゼット』紙上――この号は現存しない――で、以前の号に掲載されていたワシントンへの批判に答えるかたちで、自身の立場を明瞭に宣言したのである。ブランドのような意見は、アメリカ史上、しばしば見られるたぐいのものではあるが、決して広範な支持を得ることはない。彼は危機の際には、「将軍や軍の指揮官は、国益に最もかなう行動を各自の判断でとることが許されるべきである」と主張したが、彼の言う「すべての制約をはずす」ことの利点が何であれ、彼が強調するような積極的な手段は、むろん議会の採用するところとはならなかった。彼は翌年、ワシントンに対して、同僚議員の行動に不快感を禁じ得ないとの旨の手紙をしたためている。[48]

ワシントンの幕僚たちが、上層部の民間人への敵対意識をワシントンにあからさまに打ち明けていることから判断すると、後の時代には道義に反する行為とされ、また潜在的脅威と見なされるような見解を、ワシントン自身が部下に開陳し、推奨しなかったとは考えにくい。彼の秘書官ジョン・カークパトリックは、「我々の議会は何とのぼせ上がっていることか！危機の報告をまったく無視し、公の安寧を確保するための手段にまったく無関心なのです」と糾弾の言葉を吐いている。[49]

しかし一方で、ワシントンはヴァジニアの政治家とも親しく交わり、イギリス軍の将軍たちを手厳しく批判もしている。たとえばディンウィディの後継総督フランシス・フォーキアや下院議長のロビンソンに宛てて、軽率にもジョン・フォーブスを非難する手紙を送りつけており、その中でワシントンは、フォーブスがかつてブラドック軍が切り開いた道をポトマック川からたどるのではなく、ペンシルヴァニアを通ってオハイオ川の分岐点まで、まったく新しい道を作ったことに憤慨している。おそらく双方のルートの利点・欠点について公に議論がなされたはずであるが、ワシントンの意見は結局、フォーブスの容れるところとはならなかった。ワシントンはフォーブスが利己的なペンシルヴァニア人たちにうまく丸め込まれ、オールド・ドミニオンの費用で、彼らにオハイオ渓谷方面の交易を牛耳る幹線を作ってやってしまったのだと主張し、ヴァジニア政府の役人たちに対し、フォーブスの頭越しに直接国王へ上訴するよう働きかけた。「陛下の名誉と公金がいかに無駄に使われているか、陛下にお知らせしなければならない」。しかしワシントンにとって幸いなことにも、フォーブスはこの血の気の多い大佐より大物であった。彼は「道路に関する［ワシントンの］振る舞いはまったく軍人らしくない」と嘆きつつも、この跳ね上がり者を依然尊重し、何かと便宜を図りもしたのである[50]。

さて本章を締めくくるにあたり、一七五八年時点でのジョージ・ワシントン、つまり最初の軍隊経験の最終段階での彼について、どのような評価がなされ得るのだろうか。のちに合衆国の軍事的伝統を構成する重要な要素となるであろう様々な問題や議論に彼が直面したとの指摘はあまりにも自明であり、このような常識を越えてどのようなことが言えるのであろうか。確かに彼は実戦経験という厳しい試練を通じて鍛えられ、第一級の野戦指揮官としてのみならず、行政官としてもその才能を十二分に開花させた。彼は強靭、勇敢、不屈の人物であり、おそらくは霊的ですらあった。しかしながらこのようにすばらしい佐官も、常により広い見地から、戦争における自らの役割について見極めるということはなかったし、またそのように求められることもなかった。つまり、二〇代前半から半ばにかけての彼にとって、大佐の階級は必ずしもふさわしいものではなかったのであって、双肩にずっしりとのしかかるその重責は、あまりにも荷が勝ちすぎていたといえる。退役してマウント・ヴァーノンに戻った時、彼はまだ二七歳にも満たなかったのである。

前述したように、彼の退役に涙しなかった者がいたというのは皮肉な話であるが、その彼がやがて史上最も偉大な指揮官の一人に数えられるようになるというのも歴史の皮肉であろう。しかしさらに意味深長な皮肉とは、彼が佐官として図らずも露呈した弱点が時とともに是正され、彼の強靭さのいしずえとなったことである。上位の権威に対して彼が示す敬意と理解――これこそすなわち文民統制であり、それが意味するすべてである――こそ、独立戦争において彼が発揮する軍人としての資質のなかで最も称えられるべきものとなり、アメリカの軍事的伝統への最大の貢献となるのである。

第二章　過渡期の伝統

ワシントンの変容を我々はどのように理解すべきだろうか。血気盛んで、目上の者に対しても臆することなく批判の言葉を並べるこのヴァジニア連隊の二六歳の大佐は、今日我々がワシントンと聞いて直ちに思い浮かべる懐の深さを、どのようにして身に付けたのだろうか。歴史上の有意義な諸問題同様、これもまた一筋縄ではいかない複雑な側面を持つ問いであり、ここであらゆる角度から答えを探る余裕はない。しかしまず何よりも、円熟というごくごく単純な要素は指摘されてしかるべきであろう。円熟はそれ自体、何らかの利点をもたらすものであり、ワシントンの場合もむろん例外ではない。以前は性急に意見し、単純な解決策を求め、また自分のできないことにまで顔を突っ込んでいた彼が、しだいにこのような態度を改めていく様子は、彼の交わした多くの書簡から窺い知ることができる。一七七五年のワシントンは、幸いにも二六歳ではなく四三歳だったのである。この一七年間で彼がより思慮深く冷静な人物となっていったことについては、今日我々が手にするあらゆる史料が雄弁に物語っている。

もちろん一七五四年から五八年までの間にも、ワシントンは精神的に成長を遂げていた。四年間、フロンティア地域の軍指揮官を成功裏に勤め上げたことで、彼はそれ以前とはまったく異なる人物になったといえる。ヴァジニア連隊における業績はもとより、最後の年にはヴァジニア植民地の首府に滞在し、非常に洗練された新任総督フランシス・フォーキアや代議員たちとの交流を通じて精神的成長がもたらされたのである。少しずつ、しかも苦労しながらではあったが、彼は文民の上司とどう交わるか、その術を身に付けていった。しかもこの一七五八年という年は、彼にとって軍を指揮する上でさして深刻な問題の生じなかった時期であった。それはヴァジニア、ペンシルヴァニアのフロンティア地域で戦況がイギリス、アメリカ側に有利に展開していたからであり、またピットが寛大な財政援助を約束してくれたおかげで、オールド・ドミニオンの負担が大幅に軽減されたからでもあった。

このような状況は、彼がフォーキアに宛てた書簡からも見て取れる。とりたてて誰かを糾弾する必要もなく、あれこれ憤る必要もなくなると、彼の文章や分析的思考が大いに磨かれていった様子が手に取るようにわかるのである。そしてこのような思考こそ、公の決定を行ったり、その決定過程に影響を与える人物にとって不可欠なものといえた。彼の書簡は概して事務的であるが思慮に富み、様々な軍事的状況に対応した選択肢、代案、結果を指摘している。デュケーヌ砦へのルート選択に関して彼の不当な憤りの犠牲となったフォーブスに対しても、その数週間後の書簡では大いに褒め上げるに至っている。オハイオ川分岐点周辺の勢力圏を固めるうえで「非常に配慮の行き届いた」将軍は、「我々の懸案を見事に解決するのに大いに貢献し、この功績は将来報われるであろう」と述べている。(1)

フレンチ・インディアン戦争後のより広い活動の舞台においても、ワシントンが軍人としてつとに示したすぐ

図６　マウント・ヴァーノン遠景

図７　マウント・ヴァーノンに眠るワシントン

れた経営能力は、ヴァジニアの広大なプランテーションを上手に経営することでさらに磨きがかけられた。マウント・ヴァーノンでの彼の生活は、イギリス本国の富裕なカントリー・ジェントルマンや西インド諸島の怠惰なプランターとは大きく異なるものであり、所領の様々な活動を事細かに監督する作業に大半の時間を費やしている。これに加え、帳簿を付けたり資金を割り振ったり、来年度さらにはより長期の計画を練ったりと、彼は様々な経営事務に忙殺されたが、このような責務は一七七五年以降の大陸軍の経営と決して次元の異なるものではなかった。注意深さと進取の気性は、ビジネスの世界でも軍隊でも等しく求められるのである。

また、より一層といえないまでも同様に重要だったのは、彼が一五年以上にわたって最初はヴァジニアの代議会、次いで大陸会議で議員としての経験を積んだことである。彼は一七五九年から代議会に議席を得ているが、そこでは課税や歳出、公共政策などについて、軍隊に身を置いていた時とはまったく異なる角度から議論する機会に恵まれた。さらには選挙活動や政治の現実など、軍人にはおよそ縁のない事柄にもいやおうなく関心を持たざるを得なかった。このような経験は、彼にとってその直情的な性格を直すよい機会となったし、事実、新米議員として彼は議場での議論に熱心に耳を傾けたのである。立法府の活動を特徴づける審議過程についても彼は高く評価するようになったし、しかもヴァジニアほど、公の事柄を議論するに当たって、ゆっくりと慎重に審議を進めることに誇りを抱いている議会は見当たらないほどだったのである。この新世界で最古の代議会においては、たとえば一七六五年の印紙法をめぐる議論の際に新米のパトリック・ヘンリーが思い知らされたように、性急で唐突な提案は、数世代にわたって議会を牛耳ってきた古参の名士たちから偏見に満ちたまなざしを向けられるのが常だったのである。

このようにコンセンサスの政治を極限まで追求し、安定・均質を旨とするヴァジニア代議会に対し、ワシント

図８　第１回大陸会議が開かれたフィラデルフィアの
カーペンターズ・ホール

ンが一七七四年に議員として赴いた大陸会議は、まったく性質を異にする立法機関であった。大陸会議での議論も遅々として進まなかったが、それはヴァジニア議会と同じ理由によるものではなく、むしろ逆に、このフィラデルフィアの議場には異なる一二の植民地──最終的には一三の植民地──から議員が馳せ参じていたからである。まだ議事進行の手順も定まらず、伝統も何もないこの新設の議会のなかで、利害や背景の異なる議員たちは互いに嫉妬や疑いの眼を向けあった。とりわけレキシントン・コンコードで武力衝突が生じた後は多くの懸案を抱え込み、とてもヴァジニア代議会のようにジェントルマンのクラブ然とした雰囲気のなかで議論を交わすことなど、期待しようもなかったのである。

　ワシントンが将来、大陸軍総司令官としての重責を果たすに当たって、これ以上の訓練の場はなかったといってよい。彼はここフィラデルフィアやウィリアムズバーグで、政治組織がどのように機能し、議員たちがどのように物事を捉えるか、つぶさに学んだ。彼はまた文民統制というアングロ・アメリカ的伝統の性格や、その複雑さについて、より一層感受性を磨いた。この伝統は一八世紀の段階では他の西洋諸国のどこにも見出すことができず、しかも当のイギリスにおいてすら、それは一七六三年以降、危機にさらされたのである。この年は平時であったにもかかわらず、本国は植民地議会に何ら相談することなく、北米に大規模な常備軍を常駐させる決断を下したからである。このような状況下で、ワシントンのフレンチ・インディアン戦争の経験は大きな意味を持つことになった。地元の立法府の統制を受けない常備軍を維持することの弊害や、兵役期間の長い傭兵ではなく、強健なヨーマンや職人からなる民兵が持つ徳性、その他さまざまな民軍関係上の軋轢が大きな問題となったからである。つまるところ、一七七五年のペンシルヴァニアの議場には、ワシントン以上に民軍関係の議論に通じている者はいなかったし、実際彼はイギリス正規軍とヴァジニアの文民の政治家たちを向こうに回して、議論の渦中に身をさらしてきたのである。

これらの理由から、ワシントンは最高位の軍人として最もふさわしいアメリカ人だったといえる。彼はフォーブスのもとで一個師団を率いたが、独立戦争に際してアメリカ側の将軍に任ぜられた植民地人士官のなかで、かつてこれほど大規模な部隊を指揮した者はいなかった。またこれ以前、ヴァジニア連隊の訓練や指揮に際しても、彼はプロ意識に基づいた行動を旨としており、この点でも、フレンチ・インディアン戦争時における他の植民地士官とは大きく異なっていた。

もちろんワシントンの軍人としての経験にも限界はあった。自らも認めていたように工兵隊や騎兵隊については詳らかでなく、大規模な部隊を平地の戦闘で指揮した経験もなかった。ワシントンに非常に肩入れしたダグラス・フリーマンの手になる伝記ですら、やがて担うことになる重責に対してワシントンがいかに準備不足だったか、「商人仲間が……いわば一夜のうちに護送船団を率いるように求められたごときもの」との表現で、驚いてみせている。[2]もっとも、軍事的才能をあらかじめ格付けするような絶対的な基準があるわけではない。カエサルやクロムウェルも、生涯最大の軍事的重責を担った時にはワシントンと同じ四〇代であった。グラントやリーはメキシコ戦争に際して将軍の副官を務めたが、これが後の南北戦争において全軍を直接指揮する資格を付与したとは思えない。また第二次大戦中、ヨーロッパにおける連合軍総司令官だったドワイト・アイゼンハワーは、一九一五年にまでさかのぼる自らの軍人としてのキャリアのなかで、大戦以前には戦闘を実際に目にしたことすらなかったのである。

　ともあれ大陸会議は軍事面での最高指導者を選ぶ際に、政治的な側面を最優先させた。もし軍事面でのキャリアの長さを最も重視したならば、たとえばチャールズ・リーやホレイショ・ゲイツなど、革命の大義に身を投じたベテランの元イギリス軍士官たちに目を向けたはずである。ワシントンもこの点についてはよく心得ており、大陸会議が彼を軍人としてではなく、気心の知れた同僚議員として信頼し、全面的に支持したのだと正しく理解していた。つまり大陸会議の議員たちにとって、彼は同僚議員でありながら議場の誰よりも軍事に通じ、以前にヴァジニア民兵の訓練や再組織化に熱心に取り組んだ経験を持ち、一七七五年五月・六月には防衛の準備を担当する様々な委員会の委員を務めた人物であった。議員たちは選挙民にワシントンについて語るとき、彼の性格や誠実さを激賞したが、このことからも、もはや彼が一七五〇年代当時の御し難い性格——短気で、しばしば過剰反応する——の持ち主ではなくなっていたことがわかる。さらには、当時はまだ戦闘行為がもっぱらニューイングランドに限定されていた事情から、植民地全体の支持を取り付けるためには、ヴァジニア人を軍事指導者に任命することが得策だと大陸会議が判断したことも、ワシントンは正確に把握していた。[3]

　大陸会議から任命辞令を受け取ったその日から、彼が自らの軍事的・政治的背景を最大限に活用しつつ難局に臨んでいったさまは、様々な史料が物語るとおりである。また彼がそうできたことは、まこと幸運であったと言わねばならない。なぜならこの一七七五年七月から一七七六年三月までのボストン包囲の期間——ボストンを占領したイギリス軍をアメリカ側が包囲した——は、彼と彼の軍隊にとって独立戦争中で最も重要な時期だったからである。それは一つにはこの戦闘で、彼がかつてあれほど憧れ、何とかそこに所属したいと願ったイギリス軍と初めて戦火を交えたためであり、実際彼に対峙したトマス・ゲイジ将軍——革命中、任期をまっとうすることのできなかった四人のイギリス軍司令官のうちの一人——は、かつてモノンガヒーラで共に戦い、気心の知れた戦友であった。イギリス正規軍士官の夢やぶれたワシントンに同情したゲイジは、彼に宛てた手紙のなかで、この若きヴァジニア人が「祖国への献身において示した気高き精神と賞賛すべき行為の数々」を称えている。[4]

ボストンでゲイジの軍と対峙したとき、ワシントンの心中を去来したものは、このような若き日の満たされぬ思いだったのだろうか。もし彼がイギリス正規軍士官の任命辞令を受けていたならば、その後の歴史はどのように変わっていただろうか。彼が国王の旗のもとで軍人としてのキャリアを積んでいたならば、大陸会議は別の人物を総司令官に選んだだろうし、このヴァジニア人が後世の人の目に留まることもおそらくはなかったであろう。しかもイギリス軍のなかで彼が将官にまで上り詰めることができたかどうかも、きわめて疑わしい。高位の将校任命辞令は非常に高額で購入が難しく、昇進人事を握っていたロンドンの「宮廷派」とのつながりも薄い植民地人には、イギリス正規軍のなかで高い階級を得ることなど、ほとんど不可能に近かったからである。ともあれワシントンの脳裏には、若き日の軍隊時代の記憶がしっかりと刻み込まれていた。ボストン郊外に陣取る大陸軍の指揮を引き受けた一七七五年七月三日は、奇しくも彼がネセシティ砦でフランス軍に捕まった日からちょうど二一年目にあたり、六日後の九日は、ブラドックの敗北のちょうど二〇周年であった。一七七六年七月に、彼はヴァジニア連隊で中佐を務めたかつての部下アダム・スティーヴンに宛てて次のように書き送っている。「三日と九日には、メドウズ川とモノンガヒーラ川のほとりでの体験を思い起こさずにはいられない」と。[5]

最初の軍隊経験がこのように挫折から始まったとすれば、このたびの再度の軍務への復帰も手痛い敗北に始まり、敗北に終わるのではないか。全軍を失い、革命は潰え去るのではないか。ワシントンが真剣にこのような恐れを抱いていたことは、史料から確認できる。しかしボストンネックを挟んでゲイジ将軍、引き続いてウィリアム・ハウ将軍と対峙した八ヶ月半が非常に決定的な時期となったのは、また別の理由のためでもあった。その一つは兵士の扱い方である。彼は大陸会議に激励されて送り出され、ニューイングランドの有力議員たちも彼を歓呼で迎えたため、一七七五年の段階では、民軍関係をめぐる心配事は少なかったといってよい。ニューイングランドの軍隊は特定の危機に際して主に都市部で募られ、兵役期間もその年のみで、いわばフレンチ・インディアン戦争時の植民地軍の慣習をそのまま残し、それゆえ民兵を好むアメリカ人の心性にマッチしていた。

しかし軍隊に対するマサチューセッツの態度は、一筋縄でいくほど単純なものではなかった。マサチューセッツの植民地協議会は、自らが派遣した分遣隊を効果的にコントロールすることができなかったため、大陸会議に対して、のちにニューイングランド軍として知られることになるこの部隊を確実に把握するよう、すでに要請を出していた。協議会によれば、「我々の同郷人から成り、この地で結成された軍隊が、それを支え、統御する文民の権力なしに存在していると考えるだけで身震いする」[6]。大陸会議（すなわち「文民権力《シヴィル・パワー》」）の代理人たるワシントンは、このニューイングランド人たちを満足させるようなかたちで、軍隊に対してその威信を示すことができたのだろうか。マサチューセッツ人の中には、当地出身の将軍で、歴戦の勇士たるアーテマス・ウォードを総司令官に推す向きも少なくなかったのである。

マサチューセッツは過去何十年もの間、英領アメリカの大義のために自らが過度の犠牲を払ってきたと不満を抱いていたし、本国が軍事力を不器用に行使するのをあざ笑ってもいた。「一六八九年から一七七五年までの期間の半分以上を通じて、マサチューセッツは他の英領植民地が真似できないほどの兵役と税金を住民に課している」と、研究者のウィリアム・ペンカックは断じている。戦役の最終局面では、白人人口比でワシントンのヴァジニアのおよそ六倍もの兵士を募っており、総督のフランシス・バーナードも認めるように、この植民地は「小さな面積にもかかわらず、巨額の重税」を住民に求めてきたのである。(7)

しかし一方、マサチューセッツが軍隊や軍事組織に対して、他のどこよりも強い不信と不安を抱いていたことは、あらゆる証拠が示すところでもある。このような感情は、一つには当地のピューリタンの伝統や、急進派ホイッグ思想との関連などから説明することができる。急進派ホイッグの思想は、大西洋の両岸で非国教徒が密接な結びつきを保っていたことから、ニューイングランドへも大きな影響を及ぼしていた。常備軍反対を唱えた論者の多くは、母国ではプロテスタントの左派であり、ニューイングランドでは会衆派の人々であった。このような事情でマサチューセッツの民軍関係、すなわち文民権力と植民地軍、またイギリス軍士官とのあいだの緊張はもともと高く、これをめぐる本国との確執も、他のどの争点にも増して深刻かつ長期化した。ペンカックによれば、「イギリス軍士官に対する敵意や、遠征軍の運営の失敗などが、この植民地の経験した四度の大きな戦争を特徴づけている(8)」。

このように軍事組織の危険性に最も敏感な植民地で大陸軍が初めてその姿を現したことも、当地の軍隊への不信を増幅させかねなかったし、一七六三年のパリ条約から、タウンゼンド諸法（一七六七年制定。一七七〇年、タウンゼンド関税は茶税を残して撤廃）への反対運動の最中、一七六八年にイギリス正規軍がボストンに派遣さ

図９　ボストン虐殺事件の現場（道路中央に石が円形に埋め込まれている）

図10　グラナリー墓地に眠るボストン虐殺犠牲者の墓碑

れるまでの間に、赤服《レッドコート》への敵意が――むろん様々な見方はあったが――表面化していった点も、不信感の証左といえる。実際マサチューセッツではこの一七六三年から六八年までの時期に、正規軍が平時にアメリカに滞在することを批判する論が数多く著されている⑨。

さらには一七七〇年、イギリス兵との小競り合いで市民五名が死亡したボストン虐殺事件や、ゲイジのコンコードへの進軍など、赤服の存在を身近に感じさせる出来事が続いたことも指摘されよう。ワシントンが単に軍隊内の事柄に気を配るだけでなく、人々の軍隊に対する懸念に対しても十分に配慮せざるを得なかったのも、まさに故無しとしない。任命辞令を手にフィラデルフィアを発った彼は、ニューヨークやマサチューセッツの革命諸機関に対して、自分は「私生活の楽しみをすべて」うち捨て、決して自らのためでなく、ただ愛国の精神のみを支えに行動している旨、伝えている。彼の「最大の望み」は「平和と自由と安寧」を回復するための「適切な道具」となることであり、市民と兵士とのあいだに溝があってはならないと、戦争中、繰り返し戒めている。「兵士となることは、市民でなくなることではない。盤石の基礎の上にアメリカの自由が打ち立てられ、自由で平和で幸せな祖国に抱かれつつ、再び市民生活に戻ることができたとき、我々の喜びはまさに極まるのである」と、彼はニューヨークの人々に述べている⑩。

実際ワシントンはいくつもの課題を負わされていた。まず軍の指揮官として効率的な軍隊組織を作り上げるため、従来の植民地人の考え方、すなわち共通の危険に直面したときですら、なかなかまとまろうとしない性向と対峙せざるを得なかった。一七四五年の有名なルイスバーグへの遠征を別にすれば、植民地間での共同の軍事作戦は惨めな失敗に終わるのが常であった。ワシントン自身、一七五〇年代にヴァジニアと近隣の植民地が共同歩調を取ることができなかった事例を、身をもって体験している。円熟の域に達したワシントンは、かつてヴァジニアとペンシルヴァニアがデュケーヌ砦へのルートをめぐって争い、危うく勝利を逃しかけた事実を思い起こす必要はなかっただろう。また一七五四年のフランクリンの連合案が結局実現しなかったことも、当時から広く知れ渡っていた。植民地連合政府のために喜んで自らの軍事力を手放そうとする英領植民地など、皆無だったのである。同年の次のようなフランクリンの嘆きは、ワシントンの嘆きそのままであったろう。「我々の共通の防衛と安寧のために、速やかにかつ効果的な手段で多くの異なる政府や議会を一致へと導くことは、極めて難しい。一方、我々の敵は、一つの命令、一つの議会、一つの財源という大いなる利点を享受しているのである」[11]。

ボストン包囲に動員された軍隊は、この昔の植民地連合軍の姿を色濃くとどめていた。ニューイングランドの四つの植民地はそれぞれ別個に組織された軍隊を送り込んでおり、それらを束ねる中央の権威は存在しなかった。たしかにマサチューセッツの先任将校たちは幕僚会議を開き、コネティカット、ロードアイランド、ニューハンプシャーの高級将校たちもそこに招かれてはいたが、これは混沌とした状況に秩序をもたらすような制度ではなく、それは実際、バンカーヒルの戦いで愛国派側が混乱に陥ったことからも明らかであった。

このようななかで、ワシントンは第一の挑戦、すなわちどの植民地軍もかつて成し遂げたことのないほどの調和を、指揮下の軍隊内で実現できたのだろうか。また第二の挑戦、つまり彼が軍隊に必要だと考えていた規律や組織に敵対するような民兵のあり方という、いわば歴史的に形成されてきた実態を克服することができたのだろうか。これらの課題を端的に言えば、二〇年前、彼がヴァジニアのフロンティアで積み上げた努力を無に帰しかねない障害に対し、勝利を収めることができたのかどうかということになる。ましてやこの時期、出版物や説教などで今まで以上に民兵が称えられ、彼らはイギリスの職業軍人に対するアンチテーゼ、解毒剤として持ち上げられていたのであるから、ワシントンが双肩に担った課題の大きさは想像に難くない。実際、一七七四年から七

図11　バンカーヒル記念塔

五年にかけて各植民地協議会が勅任総督から権限を奪い、防衛問題が最優先課題となるにつれ、民兵を再評価する動きが大西洋岸の北から南まで幅広く見られるようになっていたのである。一七七五年時点での民兵隊は、少なくとも制度の上では、かつてのどの時代よりも輝いて見えた。コンコードやバンカーヒルでの彼らの勇姿は、民兵はたとえ十分組織化されていなくとも、帝国内のこの危機的状況下でアメリカを守り抜くことができるのだという確信を、多くの人々に抱かせることになってしまったのである。トマス・ジェファソンが誇らしげに述べたように、バンカーヒルの戦いは、「訓練不足が生来の勇気や……大義によって」克服されうることを証明したと捉えられた。しかしながら、しょせん民兵は民兵に過ぎなかった。各植民地から集められ、十分組織化されていない不正規兵の集団であり、長期的にはとうていイギリス軍と対峙しうる存在ではなかったのである。[12]

ワシントンの第三の挑戦――これもやはり植民地時代の戦争のあり方に根を持っている――は、かつてフレンチ・インディアン戦争でイギリス軍と植民地人とのあいだで生じた軋轢のたぐいを、今回はどのようにしてうまく避けるかという問題であった。すなわち物資や装備の徴集、兵士の宿泊、兵員の徴募、民兵や地域の武装集団の取り扱いといった諸点である。これらについてワシントン自身の立場は非常に明快で、彼は自らが指揮する軍隊をあくまで正規軍・常備軍と位置づけ、それゆえ、植民地議会との関係でブラドックやラウドンを悩ましたような議論に巻き込まれるつもりはないとしたのである。

早くからワシントンを忠実に代弁していたジョン・アダムズさえ、大陸軍については必ずしも快く思っていなかった。彼はウィリアム・テューダーやジェイムズ・ウォーレンに対し、軍隊は常に文民の厳格な統制下におかれなければならないと注意を促し、彼自身、大陸軍を子細漏らさず「スパイする」として、テューダーやウォーレンにも、その諜報活動への協力を要請している。しかしこのような感情は特に驚くには当たらない。アメリカ人は当時から今日に至るまで、軍事に対してアンビヴァレントな思いを抱き続けているからである。かかる感情自体、複雑で多面的なアメリカの軍事的伝統の一部を成しているといえる。ジョン・アダムズとその従兄弟のサミュエル・アダムズは、ワシントンとその軍隊に対し、ケンブリッジでの野営期間中のみならず、この戦争のあいだ中ずっと、常にこのようなアンビヴァレントな思いを抱いていた。一七七五年の秋、マサチューセッツ議会で最も影響力のあった人物の一人エルブリッジ・ゲリーもまた、同様の思いであった。彼自身は、ワシントンとマサチューセッツの役人たちがよい関係を維持できるよう、一肌脱ぎもしたのだが、マサチューセッツ民兵隊の指揮権を完全にワシントンに引き渡すつもりなどなかった。この総司令官が助けを求めて来て初めて、植民地当局が従軍する兵員数と兵役期間を定めるべきだと彼は固く信じていたのである。さらにサミュエル・アダムズは、民兵が大陸軍と共同作戦行動をとる際は、常に民兵隊士官の完全な指揮下に置かれなければならないと主張したのである。[13]

しかしながらゲリーやアダムズの態度を非協力的であるとか敵対的と解釈するのは間違っていよう。彼らはただ過去の戦役でマサチューセッツ植民地が経験した軋轢のたぐいを避けようとしたのであり、とりわけ軍事行動の契約的性格をめぐって一七五六年にラウドン卿との間に生じたような対立を回避しようとしたのも故なしとしない。この年、クラウン・ポイントとタイコンデロガに居座るフランス軍と戦うために植民地軍が組織されたが、卿は同軍の指揮権を主張して大いに議論を巻き起こしたのである。卿の前任者のウィリアム・シャーリーはニューイングランドの将兵に対して独自の指揮命令系統を保証していたし、さらなる軍事行動への参加を求めないことや、召集は一二ヶ月に限るとの確約も与えていた。植民地人の発想からすれば、ラウドン卿はこの条件を変える権利を持ち得ないはずであった。研究者のフレッド・アンダーソンはかかる経緯を次のように論じている。「そもそも契約の発想はニューイングランドにおいてとりわけ共感を呼ぶものといえた。なんとなればニューイングランドの社会は様々な契約で彩られていたからである。夫と妻を結びつける婚姻の契約、信徒たちの教会の契約、神と選ばれた者との間の大いなる契約などである。しかしながらこのような発想はラウドン卿の琴線に触れるものではなかった[14]」。

ワシントンもラウドンと同様、ニューイングランドの事情に通じていたわけではなかったが、自らの任務に対して幻想を抱きはしなかった。結局、植民地の軍事的伝統に精通した人々のほとんどが予想した以上に、ワシントンは自身に課せられた課題を成功裏に成し遂げたといえる。彼は事を進める当たって慎重で用心深くなければならないという認識と、任務の遂行に際して大陸会議が彼に与えた広範な自由裁量とを巧みに折り合わせたのである。ワシントンはこの新たに誕生した軍隊に構造と組織を付与し、それは若干の変更や改革を経ながらも、独立戦争の全期間を通じて維持され続けた。彼は部隊を旅団に分け――各旅団は通常、六個連隊から成る――、さらに旅団をより大きな単位たる師団に編成した。中央の幕僚組織は一連の任命の結果、しだいに形成されていったが、その任命はワシントン自身の手になる場合も大陸会議による場合もあった。幕僚の構成についてはイギリス軍とよく似た部分も見られるが、本国のように高度に組織化・官僚化された政府に頼れない小規模な軍隊ゆえに、その必要に応じた柔軟な構成も認められる。要するにワシントンは軍隊の編成において、イギリスの軍事的な慣習や、大陸会議の指示、当時のアメリカにおける特殊な軍事的必要性などに大いに留意したのである[15]。

ワシントンはまた、自身がマサチューセッツのケンブリッジへ到着する以前は単なる烏合の衆であった軍隊に適切な秩序をもたらした。二〇年前、ゲイジ将軍が開陳したニューイングランド人についての持論、すなわち「大陸で最悪の兵士である」との言葉を、ワシントンは思い出していたかもしれない。フレンチ・インディアン戦争の際、コネティカット出身のフィニアス・ライマン将軍は、ニューイングランド社会の自由で束縛を嫌う風潮が兵士の育成にとって障害となっていることを渋々ながら認めざるを得なかった。当初ワシントンもこのような言説が正当であると痛感し、何通かの私信の中でこぼしてもいる。その私信の内容がフィラデルフィアで漏れ、ワシントンが窮地に立たされるという場面もあったが、彼は真意をただされるとただちに誤りを認め、事無きを得た。マサチューセッツ植民地協議会の議長ジェイムズ・ウォーレンも、ワシントンが「将兵とのあいだに多くの困難を抱えている」ことを認めている。しかしながらほどなくして大陸軍は大いなる進歩を遂げるのである。大陸会議の制定した軍法も本国ほど厳しくはなく、また必ずしもワシントンの意に添うものでもなかったが、軍隊に秩序をもたらす一助となった。ワシントンは若い時分から抱いていた信念、すなわち規律こそがあらゆる軍事組織の魂であるとの考えを決して曲げることはなかった。事実、急進派ホイッグの理論とは裏腹に民兵隊といえども、当時恐れられていたヨーロッパの職業軍人と同様に誤った行動をとる場合もあり、何らかの規制がなければ地域住民の感情を害したり、日常生活の妨げになるような振る舞いをしかねなかったのである[16]。

兵士たちは以前のぬるま湯の軍隊生活と比べて、ワシントンのやり方を過酷とは言わないまでも相当厳しいと感じていたことは間違いない。しかしこの総司令官は当地の聖職者の支持をただちに取りつけることができた。彼らはイギリス軍が一七六八年にマサチューセッツに進駐して以降、口を揃えてこの本国軍を非難しており、同時代の歴史家が要約するところによれば、このような軍隊の到来は「人々の振る舞いに大きな影響を与え、モラルを荒廃させ、あらゆる種類の悪徳をはびこらせ、人間性を掘り崩す」とされた。しかしワシントンが自らの存在感を示すようになってからの大陸軍には、このような批判は当たらないと考えられたのである。ワシントンの軍営をしばしば訪れたウィリアム・ゴードン師は、「軍営の規律は著しく改善された」と述べている。「以前は兵士同士で張り合う気持ちがまったく感じられず、ただ怠惰で無秩序で汚らしかった。慣れ親しんだニューイングランドの自由の気風ゆえ、統制が利かなかったのである。［しかし今や］あらゆる将兵が自らの地位と責務を自覚するようになっている」。さらにラルフ・ウォルド・エマソンの祖父にあたる連隊付き牧師ウィリアム・エマソンは、「秩序と規律において軍営は大変革を遂げた。新しい指導者のもとで新しい法がもたらされた」と記している。今や「士官と兵卒の境目が明確となり、みな自らの位置を知り、さらにそれを維持するよう求められている……何千もの兵士たちが毎日、朝四時から一一時まで働いており、その成果たるや目を見張るほどである」と[17]。

そもそもワシントンは独立戦争の当初から、研究者のジョン・シャイが抗争の「三角関係」と名付けた事柄を強く意識していた。すなわち二つの軍隊が単に相争うのではなく、アメリカ人の心を勝ち取るために競合し合うという関係である。大陸軍の兵士が高貴なご婦人方の目の届く近場の川で裸で水浴びをしていたとか、薪にするためにあたりの柵や屋外のトイレを引き倒したなどといった様々な苦情が寄せられると、ワシントンは民間の不満を静めるために速やかに手を打った。彼がニューイングランドの部隊に対して発した命令は、あたかも教会の説教壇からしばしば聞かれた悲嘆の声の趣すら帯びていた。彼の強調する徳やモラル、さらには革命の大義にふさわしい行いなどは、ピューリタンの価値観に根差したプロテスタントの文化そのものともいえた。ある牧師は大陸軍を評して、敬謙さと徳を体現した集団と断じるほどであった⑱。

しかし結局のところワシントンは、礼儀正しい行動や健康、衛生などといった大陸軍の「見かけ」をあまり強調することはできなかった。もっともどんなに統制のとれた軍隊といえども、その存在自体が民間人にとっては不便や苦痛の源泉となることを考えれば、ワシントンが民軍関係の軋轢を最小限にすべく全力を傾けたことは確かであろう。マサチューセッツのケンブリッジでは、兵舎の造営が完了して少なくとも部隊の一部の収容が可能になるまで、できるだけ多くの兵員にテント生活を強いたが、それもフレンチ・インディアン戦争で軍隊の宿営をめぐって見られた民軍関係の混乱を避けるためであった。民間への介入を避けたいとする自身の意向もあって、彼は独立戦争中、軍隊を都市部から離れた田舎に駐留させるのを常としていた。ナサニエル・グリーンによれば、軍営に閉じ込められた兵士たちが都会の暮らしぶりや「様々な種類の娯楽」に接して、「快楽を求めて暴走する」ことをワシントンは恐れていたからである。行軍の際も彼は同様の懸念を抱いていた。たとえば一七七七年にウィリアム・ハウと対峙すべく南方へ下ったときも、クェーカー教徒たちを刺激しないようにフィラデルフィア周辺では行軍を急がせたのである⑲。

ともあれワシントンの第三の挑戦という点に話を戻せば、彼は北東部において大陸会議や植民地政府との深刻な衝突を見事に回避したといえる。確かに彼は様々な不満を抱いており、その多くは政治に根差したものであった。各植民地の革命政権は、地域的な特色や利害関係を掘り崩してしまうような統一された軍隊をなかなか認めようとしなかったし、さらにはマサチューセッツ人は自分たちの連隊にロードアイランド人が加わることを嫌い、コネティカット人はニューハンプシャー人の参加を嫌がるといったたぐいの各連隊の旧来の慣行を大陸会議が黙認していたことも、ワシントンを憤慨させた。各植民地は大佐の階級まで、士官の任命・昇進を牛耳っており、このような慣行も彼の考え方や経験と真っ向から対峙するものであった。かつて彼はヴァジニア連隊の士官の任命権をめぐってディンウィディ総督と対立し、勝利を収めていたのである。ワシントンによれば「指揮官は部下の士官の行動に責任を持っているのであるから」、なによりもこのような権限を有することが「最も重要である」。にもかかわらずフィラデルフィアに居座る大陸会議の議員たちは、それぞれが代表する邦の枠内で士官を昇進させることに固執していた。たとえばニュージャージーの連隊の指揮官には、経験豊かで才能に恵まれたペンシルヴァニア人を任ずることはできず、あくまでもニュージャージー人の士官の中から、才能に関係なく先任の順で選び出したのである[20]。

同様に、大陸会議が一七七五年に多くの将軍を選任した際にも、かつてワシントンが総司令官に任命されたときと同じように政治的判断が強く働いたことが窺われる。当時はニューイングランドが兵員の供給源であったことから、四名の少将のうち二名、さらにはほとんどの准将がニューイングランド出身者で占められたのである。結果として大陸会議は各邦の不満を押さえるために、各邦が提供した兵力に応じて将官の数を割り当てるという形を取らざるを得なくなった。そのためベネディクト・アーノルドなどは癒しがたい屈辱を受ける羽目になったのである。アーノルドはおそらく大陸軍の中で最も実行力のある野戦指揮官であったが、一七七七年二月に少将への昇任を望んだ際に、コネティカット出身という理由で拒絶された。すでにコネティカットから二名の少将が任命されていたからであり、大陸会議はアーノルドよりも能力において明らかに劣る五名の士官を少将に昇任させようとした。そのコネティカット出身の少将の一人、イズラエル・パットナムもアーノルドと比して軍人としての資質に劣っていたが、地元では絶大な人気を誇り、さらにワシントンを例外とすれば大陸会議でただ一人、全会一致で選任された将官であった。パットナムはロングアイランドやハドソン高地の戦いで失敗を重ね、ワシントンのお荷物となっていたが、この「オールド・パット」が一七七九年に決定的な痛手を負って戦線を離れたため、ようやくワシントンは肩の荷を下ろすことができたのである。さらにマサチューセッツ出身で六四歳のジョーゼフ・フライ少将についても、ワシントンは次のように記している。「彼が大義のために大いなる貢献をなし

図12　ベネディクト・アーノルド（John Grafton, *The American Revolution: A Picture Sourcebook*, New York, 1975, p. 89）

図13　イズラエル・パットナム（*Ibid.*, p. 122）

うるのか……疑わしい。今のところ彼は自室にこもって吐剤や下剤などについての蘊蓄を披露している。私の見るところ、彼の関心事はもっぱら自らの余生のみであろう」。関係者全員にとって幸いなことにも、フライは任務に一ヶ月間就いただけで、健康上の理由から職を辞している。[21]

大陸軍は終始、昇任人事をめぐるいざこざに振り回されたが、これはその後のアメリカ軍をも悩ませ続ける問題となった。一九世紀になっても政治的判断から将官に任命される事例は後を絶たず、アメリカが二〇世紀に行なったすべての戦争でも該当者を見出すことができる。それは銃後で影響力を持つ勢力を宥めるために、文民行政官と軍指揮官とが払わなければならなかった代償といえる。南北戦争中にU・S・グラント将軍がなしえた偉業のある部分は、かつてのワシントンのごとく、ベンジャミン・F・バトラーのような思い通りにならない無能な部下に我慢し続けた結果、得られたものである。

もっとも、たとえワシントンがすべての人事権を掌握していたとしても、植民地間に強い嫉妬心が存在しているかぎり、軍事的能力を重視したいという彼の望みとは裏腹に、この種の問題には同程度、あるいはさらにもっと苦しめられたに違いない。実力登用制度もまた別の困難さをもたらすことになるが、その問題点は先任優遇措置がともかくも能力重視へと見直された一九世紀末になって、ようやく知られるようになったにすぎない。少なくともワシントンは、八六二人もの先任士官を飛び越えてジョン・J・パーシングを昇進させる決定を下した二〇世紀の指導者たちとは異なり、昇進をめぐるえこひいきの責めを幹部将校から受けることはなかった。このパーシングに比すべき人物は、彗星のごとく昇進を果たしたアレグザンダー・ヘイグである。リチャード・K・ベッツによれば、ヘイグは五年にも満たない間に中佐から大将にまで昇進しており、彼こそ「軍においてこの半世紀に行なわれた、もっとも露骨な政治的判断による登用」の実例であった。[22] しかしたとえ大陸会議と各邦がすべての人事権をワシントンに委ねたとしても、大陸会議、邦、大陸軍のいずれかが――あるいはその三者すべてが絡み合って――彼をしじゅう苦況に引きずり込んだであろう。

実のところワシントンは、大陸会議、邦、大陸軍のすべてが関係するある出来事が一七七五年に生じた際、昇任問題を回避している。マサチューセッツ出身のジョン・トマス将軍と彼を支持する軍人たちが、トマスより上の階級に別のマサチューセッツ出身の士官が就いたことに露骨な不快感を示し、マサチューセッツ議会もトマスに肩入れして、この人物を元の地位に戻すよう、ワシントンに圧力をかけてきたのである。この時、彼は昇任人事が両刃の剣となりうることを悟ったのかもしれない。彼は賢明にもこのデリケートな問題を大陸会議に委ねた。そしてこの種の問題こそ、まさに大陸会議の領分であった[23]。

一方、将官に関わるいま一つの問題では、ワシントンがまず方針を決め、それを大陸会議が追認する形がとられた。ワシントンは当時、この自らの方針を、ニューイングランド人の間で蔓延している嫉妬心やえこひいきを回避する方法と説明したが、彼がそれを実行することで、アメリカの軍事的伝統は民主的な方向へと向かった。すなわち彼は、将官が自らの出身植民地の連隊を指揮する慣行を止めさせたのである。指揮する連隊を持たない他の将官の怒りをかうという事実に加え、そうした方が上位の階級にある指揮官は、もっと広範囲にわたる任務に時間を割くことができるからであった。ワシントンはまた、将官が個々の連隊に対する公平さを失う恐れがあることも認識していた。将官にはある種、所有の意識とでもいうべき感覚を持つ者もいた。自身の後任人事の権利を要求したマサチューセッツのウィリアム・ヘスのような人物は、まさにその典型といえる。イギリス軍では、連隊を所有物と見るこのような意識は現実に存在していた。つまり連隊は責務を負わずに報酬をもたらす閑職であり、将官や大佐は直接指揮を執ることなく連隊の長となっていた。彼らはそこからかなりの利益を得たが、日常的な指揮は中佐に代行させていたのである[24]。

ここで王政下の軍隊の他の側面についてまで考察する必要はなかろう。ともあれイギリス軍では、将校任命辞令の売買は許されていたのである。ワシントンは一七五〇年代にイギリス正規軍の赤服を得ようと八方手を尽くしたものの、成功しなかった経緯があり、こうした慣習について熟知していた。一方、大陸軍にも売買制度の採用を望んでいた士官がいたことを忘れてはならない。そのような主張のなかでもアメリカ的といえる議論は、もし辞令の売買を認めれば、士官たちは自らの隊の評判が辞令の価値に直結するので、売買を認めない場合よりも収益性を上げるように頑張るだろう、というものであった。しかしそのような制度が、ワシントンや大陸会議の承認を得ることは決してなかった。イギリス軍の士官は俗物で利己的でふしだらだというイメージ、これは植民地の反軍文学が作り出した一つのイメージであるが、アメリカの文化的価値観を構成する一要素という以上に、もはや独立革命の原則にまでなっていたからである。

戦争が長引くにつれ、大陸軍の士官たちにはさまざまな方面から批判の目が向けられるようになった。たとえば彼らは自らを革命の同志とは隔絶した一つの階級、あるいはカーストとみなしていると非難された。士官集団に向けられたこのたぐいの不満は一九世紀になっても払拭されず、陸軍士官学校に関する論争でも度々持ち出されている。ウェストポイントは共和国における特権的な機関なのか、といった不満である。しかしともあれアメリカでは、最上位の士官が連隊から禄を受け取ったり、最高値で落札した者に任命辞令が渡るというようなことは決して起こらなかった。さらにいえば、独立戦争やその後の戦争でも、士官の職は社会の最上層の人々――ヨーロッパの堕落した貴族に類するような社会集団――にのみ限定されたものとはならなかった。ワシントン自身は（善し悪しはともかく）ジェントルマンの士官には中流層には見出せない指導者としての資質が備わっていると信じており、それゆえ彼はジェントルマン層の士官の数を減らすのではなく、むしろ増やしたいと考えていた。しかしワシントンは、流動的で法的にも確立されていないアメリカの上流社会に、士官の人材を頼り切ることはなかった[25]。

総司令官に就任して間もないワシントンは、次々に生じる難題に行く手を阻まれる可能性もあった。次なる課題は兵卒の編成に関わるものであった。これについては過去二〇〇年以上にわたって意見の相違が見られる。軍隊の規模はどの程度にすべきか、兵士の身分は職業軍人と一般人とではどちらがよいか、市民とはどのような関係にあるべきか（すなわち、すべての社会層が軍に関与すべきか）といったことは、アメリカ国民の安寧や公共性のあり方と常に関係する問題である。

このような問題に対するワシントンの見解は、これまであまりにも単純化されてきた。すでに我々は植民地時代の民兵に対する彼の批判を取り上げたが、彼の時代から今日に至るまでしばしば引用されるのは、彼が革命中に述べた所感である。平時でもある程度の規模をもつ専門化された軍事組織の必要性を説く人々は、そのような軍隊があれば、深刻な危機にも無防備のままというような事態はなくなり、一七七五年のワシントンのような経験を再び繰り返すことはないと主張した。ワシントンは軍の指揮を執るようになって大陸会議に送った最初の手紙で、のちに再々引用される主張を初めて開陳している。彼は「民兵には長い野営を課すことはできない。短期間での規律と訓練、彼らにはこれしかない」と明言している[26]。

しかしワシントンは、たとえそのように書いたとしても、大陸軍の一部の士官たちのように、決してローカルな軍事組織を酷評したわけではない。彼は大陸軍と民兵とを分けて考えていたが、両者の機能は相互補完的であるべきだと見ていた。主力軍をすべての場所に展開させることは不可能であり、とりわけ諸邦を内なる敵（厭戦家、忠誠派、先住民）の攻撃から守ることはできないとの理由から、内部防衛にはそれぞれの邦の治安部隊が責任を持たなければならないと信じていた。緊急時には民兵も正規軍とともに戦い、補助的な役割をはたすべきであるが、しかしその一方で、民兵を大陸軍の代わりとみなすべきではないというのである[27]。

とはいえワシントンは、大陸軍を持続的な軍隊とするその総司令官の職に恋々とするようなことはなかった。この国の人々には、長期間維持される軍隊はヨーロッパにおける傭兵隊を想起させ、それは彼らにとって認められない伝統や性格を有するものであった。自由な国民の理想と矛盾しないやり方で、戦争を遂行するのは生易しいことではない。ワシントンは理想と現実とのジレンマを痛いほどよく理解していた。彼は一七五〇年代のヴァジニアで、ごくわずかの同胞しか戦列に加わろうとせず、戦争に行く者もその理由は強制か特別な報酬のためであると知って失望したことがあった。そして一七七五年秋、翌年の計画について熟慮を重ねていた時、ワシントンは兵役に再び応じるのを嫌う兵士が高い割合でいることに気が付いた。もし兵士を再徴募できなければ、何千人も新たに入隊させなければならず、彼が一七七五年に施した鍛練と訓練の大部分を、翌年もまた繰り返さねばならなくなる。

しかしワシントンは、たとえ兵員不足を乗り切るという大義名分のためとはいえ、強要や脅しで兵士たちを数週間超過して軍に留めるという手段を選ばなかった。もしそうすれば各植民地政府は黙っておらず、兵卒だけの問題では済まなくなってしまったであろう（過去の戦争の経験から、ニューイングランドの兵士たちはその徴用期間を越えて残留させられたり、家に戻ることを拒否されると、反抗することは明らかだった）。何百人もの人々が植民地および大陸軍との契約義務が遵守されていることを確認しながら、過去の戦争で彼らの父や祖父がしたのと同じように除隊してゆき、やがてその数は数千人に達した。ワシントンはただ為すすべもなくそれを見ているほかなかった。ウィリアム・ゴードンは、このような彼らの行動をニューイングランド「気質」のせいと結論づけたニューイングランド出身者の一人である。コネティカット植民地出身のジョナサン・トランブルも、真っ先に戦列を離れた彼の植民地の軍隊を擁護する意図ではなかったものの、これとほぼ同じことを次のように述べている。契約遵守という考え方は、字句の通りに解釈するということだ。それは良くも悪くも「我々植民地同胞が持つ精神かつ天分」であり、そのことは一七七五年と同様、これまでの戦争でも明確に示されている、と[28]。

ワシントンが植民地人のこのような行動に怒りを感じていたとか、彼らの考え方や価値観を理解できなかったと捉える歴史研究者もいるが、そのような解釈は誤りである。たしかに彼は再徴募という頭痛の種が大きくなった時に、大陸軍のなかに見られる「公共心の欠如や徳性の不足」を個人的に罵った。「汚らしい欲得ずくの精神が軍全体にはびこっている。なにか大変な事態が生じたとしても少しも驚かないだろう[29]」。しかしより重要な点は、ワシントンは単に彼の不満を口にしたまでで、除隊する人々の信頼を裏切ってまで、過剰反応することはなかったという事実である。地方の士官と対立しないように留意しながら危機に対処するため、彼は植民地に予備の兵員を徴募するよう求めた。ニューイングランドの軍および政治指導者は、再徴募に応じた人数が少なかったことを悔しく思い、迅速かつ大量に民兵を召集した。これにはワシントンも驚いた。民兵の動員といえば、ヴァジニアでの不愉快な記憶しかなかったからである[30]。

彼は一七七五年の暮、翌七六年に新たに召集する一年期限の大陸軍を凌ぐ構想を抱いていたようである。実は七五年の秋、再徴募者を確保する手段として報奨金を採用することを、彼は思案の末に思い止まっていた。このようなやり方を好む者もニューイングランドの代表にはいたが、大陸会議のほとんどのメンバーは同年末にはこれに反対した。しかしワシントンはゆっくりとではあるがはっきりと、報奨金と長期徴募という互いに密接に関連し、かつ論争を招きそうな方策の採用に傾いていった。一七七六年二月には、この問題を取り上げた手紙を初めて大陸会議の議員たちに送った。提案は三週間後に議題として取り上げられたが、否決されている。ただしワシントンは、このような決定が下されるかなり以前から、一年期限の新たな軍隊の召集には着手していた。それでもやはり彼は、不安を抱きながら先述の二つの方策を推奨していたのである。結局、彼は北米植民地の人々が「常備軍」に対して根強い反感を抱いていることを悟り、前月に下された決定は運命であるとはっきりと認識した。彼は「求められもしないのに、嫌悪感を抱かせる方策を提案したことを陳謝」したのである。とはいえ、経済状況、効率、効力の点で、戦争を続けるには報奨金を出して徴募に応じる者を増やす以外、方策を見出すことはできなかった。「訓練をほどこされていないまったくの新兵に経験ある兵士と同じ働きを期待するのは、これまで起きたことがなく、また今後も起こりそうにないことを求めるようなもの」だと彼は警告した。ワシントンが以前に語ったように、ある年、徴募に応じる人数が多くなったとしても――戦争二年目（一七七六年）にはそのような兆候は見られなかったが――、「敵にマスケット銃を突き付けられながら」軍を毎年解散して新しい軍を編成し直すというのは、まったくもって合理的ではなかった。確かに「歴史のページには我々に類似した事例を見ることはできなかった」のである[31]。

したがって大陸会議が新たな結論を出すまでには、かなりの時間が必要となった[32]。しかし春から夏にかけて、状況はワシントンに有利な方向に展開しつつあった。一部の兵士は二年、あるいはそれ以上の徴募に応じており、三年の徴募に署名した者には金銭的な報酬が支払われるケースも散見された。大陸会議は九月に遠く離れた場所に移されたものの、交戦状態のなかで六万人以上の召集を期待して、長期徴募に対して報奨金および土地を供与することが最終的に決議されたのである。

ワシントンの巧みな説得術も大いに貢献したが、大陸会議がフィリップ・スカイラー麾下のアメリカ第二の野戦部隊から悪い知らせを受け取ったことが、図らずもワシントンに有利に作用し、大陸会議からこのような思いがけない支持を得ることになったといえる。ニューヨーク人スカイラーが指揮したカナダへの侵攻作戦が失敗に終わった原因の一端として、麾下の軍が年末の徴募期間延長の手続きが終わってからまとまって出陣したことが指摘されたからである。ニューイングランド出身のジョン・アダムズとサミュエル・アダムズは強固な常備軍の批判者で、一七七六年に出された正規軍に関する最初の動議でも反対票を投じたが、今回、彼らはワシントンの方針を支持する側に回った。新たに選出されたエルブリッジ・ゲリーも彼らに加わった。[33]

図14　フィリップ・スカイラー（Grafton, *The American Revolution*, p. 70）

実際、総司令官ワシントンは、機会あるごとに大陸会議の権威を高める行動に出た。重大な案件や、時には些末な問題でさえ大陸会議の意に従い、要望を彼に持ち込んだニューイングランドの指導者には、そのような願い出はフィラデルフィアの議員たちに提出すべきであると伝えた。また彼は、自らの任命辞令が大陸会議から授かったものであり、それゆえいかなる植民地あるいは邦政府の命令をも受け付けないことを礼儀正しく、しかしきっぱりと示した。植民地間の関係を常に損ねてきた歴史的嫉妬心や地方主義が当時も蔓延していたにもかかわらず、ワシントンは大陸軍による直接防衛を求める植民地・邦政府の要求を拒否したのみならず、これら邦政府の軍事的管轄権を否定することにも成功した。彼はさらに、民兵に対する植民地の伝統的な政治的支配や管轄権を注意深く尊重しながら、これらが独自に集めた備蓄や武器の供出を大陸軍に対して約束させることにも成功したのである。[34] ワシントンは開戦直後、早くも重要な慣例を作りつつあるという意識を抱いていた。さらにのちには、彼は大統領職について同じような意識を持つことになる。しかし一七七五年当時、ワシントンが考えていたのは、もっぱら戦争における慣例であった。この時点では彼も、この戦争が一年以内に独立のための戦いになるとは考えておらず、戦時の前例がアメリカにおける民軍関係の永続的な慣例になろうとは思っていなかった。ただし地方や地域の政治家の側は、軍事行動に干渉しようとする誘惑をただちに失ったわけではない。そうした動きはその後もたびたび起こり、たとえば戦後の連合規約時代や一八一二年の戦争（米英戦争）時にも見られる。とはいえ、中央政府の軍事における優越は、ワシントンの時代以来ほぼ一貫して維持されて来ているのである。

しかしながら前例が永続性を持つのは、それが法的義務に近いというよりも、むしろ当該の軍事あるいは文民指導者に対する尊敬の念によるところが大きい。このことはワシントンについても当てはまる。彼は尊敬という有効な手段を携えてマサチューセッツに到着し、以後、さらにその徳性を増していった。当初からワシントンは、自らを戦争遂行のために尽力する一種の外交官とみなしており、その交渉相手には、大陸会議という超法規的かつ権限の弱い中央政府と、ニューハンプシャーからジョージアに至る一三の地方政府（邦政府）とが含まれていた。外交であれ軍事であれ何であれ、直接的なコミュニケーションは必須である。彼はケンブリッジに司令本部を置いた九ヶ月間に、大陸会議議長に五一通、コネティカット邦知事ジョナサン・トランブルには四〇通、ロードアイランド邦知事ニコラス・クックには三〇通の手紙を書き送っている。[35] そうすることで彼は、自らの計画や要求、そして敵の動きについて、文民の指導者たちにも精通させたのである。一時的に失望や不和が生じたとしても、メキシコ戦争時のジェイムズ・K・ポークとウィンフィールド・スコット将軍、南北戦争時のエイブラハム・リンカーン大統領とジョージ・B・マクレラン将軍との間に行き違いを生じさせたようなコミュニケーション不足は、ここにはなかったのである。

＊　＊　＊

イギリス軍のボストンからの撤退は、ワシントンにこれからの戦いに備える猶予をさらに数ヶ月与えた。国王の大臣たちも、植民地を彼らのもとに跪かせるだけの軍事力をただちに行使できたわけではなかった。かかる自覚に加え、マサチューセッツ植民地の首府を見渡す高台にワシントンが要塞を築いたことから、一七七六年五月一七日にゲイジの後任としてウィリアム・ハウ将軍をアメリカに向けて送り出し、その後合流した大艦隊の指揮権を委ねたのである。あまたの教科書や防衛強化の提唱者の主張によれば、革命以前はさておき、革命以降アメリカは常に無防備な状態で戦争に突入したとされる。しかし二〇世紀以前の紛争では、同じことが敵国についても当てはまる。ロンドンの政府も大規模な軍隊を結成し、それを移送しなければならなかったのである。しかも軍隊には訓練が必要であった。

一般的には、海外駐屯地の分遣隊はかなり劣悪な状況にあると考えられる。対外戦争開戦時において、本国イギリスやアイルランドの部隊の方が、戦闘能力の点ではるかに勝っていると思われるだろう。しかし調査報告書や進軍命令書を見れば、一八世紀の軍隊に関してはそのような考えが誤りであることがわかる。本国の連隊は分断され、各地に展開した状態にあり、常に出動中ともいえた。一種の警察権力として法令の維持に当たったり、税関とともにいたちごっこのような密貿易の取り締まりのために海岸線を警備するなど、国内の任務に忙殺されていたのである。また、十分な兵舎があったのはアイルランドのみで、それ以外では兵士たちは分散して町や村に宿営した。地元の人々にとってこれは、まさに迷惑千万といえた[36]。

このような状況下では、平時における訓練は中隊レベルですら散発的に行なわれるのがせいぜいであった。大隊の訓練ともなれば、一年に一回、たった十日間行なわれるのみで、この時ぐらいしか将官による視察の機会はなかった（将官たちはもっぱら戦争の合間に繰り広げられる社交に専念していた）。ピアズ・マッケジーは、複数の大隊が合同して訓練をする機会がなかったことを指摘し、さらに次のように付け加えている。「イギリスでは、旅団の演習に使用できるほど十分なスペースを持つ永続的な基地など存在しなかった」。密度の濃い厳しい演習は戦時に行なわれていたのである[37]。つまり一八世紀において、そのような訓練はイギリス本国ではなく、むしろヨーロッパ大陸や新大陸で実施されていたといえる。イギリス人は自分たちのところに赤服が押し寄せるのを露骨に嫌っており、軍隊が大規模に集結することで生じるトラブルをなるべく避けたいと考えていた。しかし独立戦争時のアメリカ人は、戦争遂行中の二つの軍隊の衝撃を受けることになった。ワシントンの大陸軍とはいえ、住民たちにとっては一つの軍隊に他ならず、その存在は好ましい経験とはなりえなかったに違いない。

かつてワシントンは巨大な兵力の軍隊を率いたことがあり、それは植民地の基準からすれば空前の規模であった。一七四五年に三、〇〇〇名の植民地兵がルイスバーグの攻略に参加し、一七五五年には北西部のフランスの基地を攻略するために、五、〇〇〇名がオルバニーとシェネクタディを結ぶ軍隊集結地域に集められたのである。今回は一七七五年秋の時点で、ワシントン軍の戦闘能力は（少なくとも書類上は）最高兵員の二万三、〇〇〇名に達している[38]。北はミスティック川から南はドチェスターまで、ボストンの側面を弧を描くように兵員が配置された（その地域には数多くの村や農場があり、大陸軍の駐留ですら日常生活に支障をきたすのに十分であるのに、イギリス軍に占領されたボストンからの避難民も流れこんでいた。戦前には人口一万三、〇〇〇の「北米の大都会」だったボストンも、一七七五年八月には六、七五三の一般市民しか残っていなかった）[39]。

ワシントンが初めてその地に到着したとき目にしたものは、統制の効かない軍隊によって蹂躙される一般市民の姿であった。バンカーヒルから退却した植民地の兵士たちは服を失い、あるいは脱ぎ捨てて民家のベッドに潜り込み、さらに必要なものを求めて町から町、家から家に徘徊していたのである。

しかしワシントン麾下の軍隊に対する見方は、翌年、同軍がハウ将軍のニューヨーク攻撃を阻止するためにマサチューセッツを離れる頃には一変していた。総司令官ワシントンが示した公共の福利への明確な関心は、彼が到着する以前にマサチューセッツ植民地の民兵の将官たちがしていたこととは対照的だった。またワシントンの軍隊は、その果敢な救援活動でも際立っていた。ゲイジやハウの軍隊の振る舞いとは大違いであった。マサチューセッツ植民地の指導者たちは以前、イギリス軍に蹂躙されたボストンの哀れな姿を目のあたりにしており、オールド・ノース教会のほか、二〇〇軒以上の家屋が国王の守備隊のたきぎにされ、その後、マザー家の四代にわたる牧師たちは、墓地でこの不幸を嘆き悲しむことになった。ジョナサン・メイヒューのウェスト教会でも燃料の需要のために尖塔が犠牲になった。オールド・サウス教会では信者席が取り払われ、床に砂利が敷かれて英国騎馬隊の訓練所に使われた。G・B・ウォーデンは、「厳しく命じられていたにもかかわらず」、赤服は「無防備な町の店や家をすべて掠奪していった」と述べている[40]。

かくしてニューイングランド人は、常備軍に本能的な嫌悪感を抱いていたにもかかわらず、ヴァジニア人のワシントンが軍隊という潜在的に危険な道具を通して、彼らの信頼を得たことを確信した。よほど疑り深い人か空論家でもなければ、ワシントンと彼の軍隊がアメリカの自由を脅かす証拠を見出す者はいなかったのである。ワシントンは戦闘ではいまだ未知数といえたが、ほかの重要な側面ではすでに試されていた。そして彼の成果を的確に評価しうる存在、すなわちマサチューセッツ革命政府と大陸会議は、彼に最高点をつけたのである。ワシントンはこの二つの機関から、自身の性格とボストン解放の功績を讃えられたが、さらにマサチューセッツ選出の議員から捧げられた二つの賛辞は、アメリカの軍事的伝統の形成において重要な意味を持っている。まず第一にニューイングランド人にとって、ワシントンがアメリカ人の軍隊を指揮する際、穏当なやり方を用いたと感じられた。「軍を統率する」に当たって「彼は穏便かつ厳正な」態度で臨んだのである。ワシントンは必要とあらば多くを求めたり、頑なになったりもしたが、それでも彼らの息子や隣人たちをヨーロッパの傭兵のごとく扱うのではなく、自由人として扱ったのである。第二には、ワシントンが「この植民地の法に厳格な配慮を示した」ことである。これは戦争と革命がまさに始まろうとする時点において、第一の点にも増して驚くべき成果といえる[41]。

ワシントンもまた彼らへの返信のなかで、彼らが使ったこの言葉を使い、ニューイングランド人から「植民地の法に配慮している」と評価されたことに感謝している。ワシントンは彼らのこのような評価をさらに一歩進めた。「植民地のあらゆる機関に対し、それが公共の利益と合致しているかぎり尊重すること。私はこれを任務と政策の原則とする。これこそ私の行動を常に形づくっているものだ[42]」。この総司令官は、マサチューセッツ植民地の首府の解放や他の勝利の場合でも、カエサルのような振る舞いを見せることはなかった。彼は最前列の連隊の先頭で馬に乗って入場する代わりに、ケンブリッジの議事堂で開かれた礼拝に出席したのである。

大陸会議がワシントンに寄せた当初の信頼は裏切られなかったばかりでなく、一層強まり、このことは大陸会議のメンバーたちが一七七六年夏に取った不確実性のリスク、すなわちイギリスからの独立宣言を発する際の一助となった。もしワシントンが高圧的で傲慢な態度を見せ、一七六〇年代のラウドンやさらに最近のゲイジの記憶を呼び覚ましたとしたら、つまり王と王の軍隊を払い除けても、植民地の軍隊を率いる将軍によって脅かされる結果を招くのであるならば、大陸会議は自らの運命の大部分を、自らが任じた総司令官の手にやすやすと委ねることなど、決してなかったであろう。

第三章　独立革命の伝統

かくして独立戦争の最初の局面が終了した時、ワシントンが非常に思慮深い面持ちだったのも十分にうなずける。戦闘の第二ラウンドに向けて、引き続き準備を整えなければならなかったからである。当時の心境を、彼は弟のジョン・オーガスティンに宛てて次のように記している。「軍隊というものがこの世に登場して以来、私以上に困難な状況下でこれを指揮した人物は多分いないといってよいのではないかと思います。その困難を一つひとつ数え上げたら、優に一冊の本になるでしょう」。しかし「私の評判が良いとか、これまでのところ多くの人々が私の行動に満足しているといったようなことを、様々な方面から耳にするのは」非常にうれしいことだとも述べている。「イギリス軍のボストン撤兵の折や、今回私がこの植民地を近々あとにするに際して、当植民地の総会議（立法府）や……ボストンの議員たちから私が直接受け取った感謝の言葉の数々は、後に活字のかたちで公にされるでしょうが、それらは私の行動が彼らに認められ、個人的にも評価されていることの証左といえましょうし、それは他の様々な機会にも感じ取れることです。わが軍の撤退に際しても、多くの好意的な反応が見られることでしょう」[1]。

だがやがて独立宣言によって新たに様々な問題が生じ、ワシントンは独立戦争一年目に巧みに築き上げたこの好意的な評価に、いやがおうでも頼らざるを得なくなる。一七七六年初夏、ボストンを後にしてニューヨークへ移動した大陸軍は、即戦力を備えた軍隊へと変貌を遂げていた。歴史的に見れば、アメリカ軍の全般的な戦闘能力は有事の際に着実に向上しているといえる。ヴェトナム戦争は例外としても、独立戦争はまさにこの公式通りであったし、特にワシントンが直接に指揮した主力軍はそうであった。一方、ヴァジニアの管轄下にあった師団には、一七七八年までさしたる活躍は見られない。

八年半にも及ぶ軍事的対立の期間中（これは南北戦争や第二次世界大戦の二倍に相当する）、大陸軍に何よりも求められたのは、軍事力を温存し、部隊を維持する能力であった。大陸軍はイギリス軍の士官たちを悩ませ続け、忠誠派にとっては脅威の的となり、民兵には部隊再編成の結節点を提供し、独立革命のみならず、形成されつつあるアメリカという国家の、日常の生けるシンボルたりうることが期待されたのである。昨今の歴史家たちが、そもそもイギリス軍には決定的な軍事的勝利を収める好機があったのかどうか、大いに疑問視していることからも、この軍隊の維持・存続という観点は強調されてしかるべきであろう。兵站や戦略、情報通信、共同作戦などの点から、独立戦争はイギリス軍の決定的な勝利の可能性を否定するほど特別な、先例のない戦いではなかったという考え方に、彼らは大いに疑問を呈しているのである[2]。

しかし軍隊の存続自体がイギリス軍の勝利を妨げたのだとしても、ワシントンにとってそれはどの程度困難な課題だったのか。後に詳述するように、そもそも大陸軍の兵員数は、大陸会議が一七七六年に期限を限って徴募を認めた六万人を越えることは決してなかった。これはヨーロッパの軍隊のスタンダードからすればかなり小規模な兵員数ではあったが、それでも大陸会議や諸邦《ステイト》が提供できうると考えられた以上の配給や装備を必要とした。このようにボストン包囲の期間中には想像もつかなかった様々な問題が持ち上がり、民軍関係に深刻な緊張がもたらされたのである。

これらの問題を考察するためには、まずワシントンが軍隊をいかに取り扱ったのか、次いで長期にわたって彼が大陸会議とどのような関係を取り結んでいったのか、見てゆかなければならない。そもそもワシントンにとって、フレンチ・インディアン戦争時の実戦体験は指揮官として貴重な経験であり、得るところが非常に多かった。ヴァジニア連隊の大佐を務めていた時分と同じく、彼は独立戦争時においても自らを教師と位置づけ、それは主として兵卒に直接向けられた彼の将軍としての命令だけでなく（彼は以前には、このように兵卒に直接に命令を下そうとはしなかった）、部下の士官に向けた特別の指示においても認められる。それはあたかも、かつてオールド・ドミニオン（ヴァジニア）の辺境地帯において自らの部下に伝えた訓示を、若干修正したかたちで大陸軍士官に申し伝えたかの感がある。すなわちかつてワシントンは植民地軍の部下たちに、「行動が将校を創るのであって、将校任命辞令が将校を創るわけではない……そして『称号』以上のものが期待されるのだ」と教え諭したのであった。一七七五年時点での彼の訓示はさらに具体的なものとなっている。「士官が良き手本を示すならば、兵士は熱心に、進んでその後に従うであろう。しかし士官が自らの義務に対して真摯でない部隊においては、良く訓練された兵士など見かけたためしがない。士官が日々命令を破っているようなところでは、命令に従わない兵士を的確に正しく裁くことなどできようはずがないのだ[3]」。

ワシントンは大陸軍を指揮して勝利する能力を示し続け、彼に従う将兵たちの尊敬を一身に集め続けたために、彼をカリスマ的な人物と捉える見方も根強く存在している。ある意味で彼は確かにそのような人物であったが、決してパトリック・ヘンリーやセオドア・ローズヴェルト、ヒューイ・ロングのような華やかな雄弁家タイプではなかった。彼のカリスマは、一部は革命の軍事指導者という彼の立場によるものであり、さらには六フィート以上の堂々たる体躯という、いかにもリーダー然とした風貌のせいでもあった。アビゲイル・アダムズは、彼がジョージ三世以上に王様らしく見えたと記している。

ワシントンが堂々たる風貌の持ち主であり、またその他のカリスマ的資質を有していたことは何人も否定し得ないとしても、実際のところ、彼がよそよそしく打ち解けない人物であると書き残した同時代人も少なくない。ワシントンにあまり好意的でなかった者は、さらに彼が王のように高慢であり、傲慢な雰囲気を漂わせているとすら述べている。このような四〇代・五〇代のワシントン像は、かつて部下から心より慕われた若き大佐のイメージと、どのように整合的に結びつくのであろうか。まず少なくとも言えることは、彼が年輪を重ね、今やより広い範囲の事柄を、より重い責任を持って対処せざるを得なくなっており、二〇年近くも前、彼や部下の民兵士官たちをはぐくんだヴァジニアのジェントリ階級という、いわば親しい仲間内の範囲内に留まることが許されなくなっていたことがあげられよう。もっとも彼が、常に衆人の目にさらされる大統領職よりも、軍隊内での任務の方をはるかに好んだことは改めて指摘すべきであろう。ともあれその理由がどこにあるにせよ、ワシントンが人を容易に寄せ付けない側面を持っていたことは確かである。彼自身このことをよく理解しており、偏狭さやえこひいき、党派性などを排除する人物という自らのイメージを強化するために、意図的にこの性格を押し出していたふしすらある。さらにこの性格は、自身のみならず他の者からも忠実な振る舞いを引き出すことを可能にし、彼に対するより大きな尊敬の念をはぐくんだことから、その権威を一層高める結果となった。「親しきなかにも礼儀あり」という格言を創ったのはワシントンではないが、彼はこのような格言を口にするにふさわしい人物であったし、仮にこの格言を創った人物がいたとしたら、それはワシントンを念頭に置くべきであったろう。

ワシントンは個人としては人から距離を保ち、親密な交友関係を努めて避けようとしたが、一方で、一七五〇年代に部下のヴァジニア人に対しておこなったように「多くのバラバラな部分を調和」させ、団結心を引き出すために心血を注いだ。[4] 実際、共に戦った将校団の団結は固く、それゆえ一七八三年にシュトイベンとノックスは率先してシンシナティ協会を設立し、その会の目的として、彼らの記憶と関係が「続く限り、また男系の子孫が存続する限り、これを不朽のものとする」ことを掲げたのである。もちろん他のどのような組織体にもまして、軍隊内では比較的容易に団結心がはぐくまれ得ることは事実であろう。しかしワシントンの場合、この課題は通常よりもはるかに困難であった。伝統も何もない状態から、新たに軍隊を創り上げなければならなかったし、文字どおりアメリカ中――西は辺境地帯から東は海岸地帯まで、北はニューハンプシャーから南はジョージアまで――からやって来た様々な背景を持つ民間人を兵士として組織しなければならなかったからである。最初彼らは自らをヴァジニア人、ペンシルヴァニア人、メリーランド人などとして捉え、決してアメリカ人と自覚することはなかった。また偏狭で利己的な士官の多くは一七七八年までに軍隊を去ったが、それは外国出身の士官の影響力が増したり、自らの昇進が拒否されたり、給与や退役報酬が不足がちであったことなどに強い不満を覚えたためである。しかし独立戦争の中盤以降、全体として将校団の質が高まったことは幸いであった。大陸会議が一七七六年に試みた大規模な兵員の徴募が計画倒れに終わったために、新兵の教育という、まさに際限のない仕事に士官全員で携わる必要が生じたからである。大陸会議の議員たちは、一七七六年の法律で定めた「戦争期間中」を兵役期限とする兵員のみを徴募するのではなく、後には三年期限を導入し、さらに各邦では数ヶ月ないし一年間の短期間、徴募することもおこなわれた。

戦争終結時に、ワシントンは士官たちの対立や連隊の兵員不足など、自らを悩ました諸問題には一切ぐちをこぼすことなく、次のように記している。「アメリカ大陸中の様々な場所からやって来た者たちは、その生まれ育った土地の習いゆえ、互いに軽蔑し、けんかも絶えなかったが、ほどなくして愛国心に目覚め、兄弟のごとき団結心をはぐくもうとは」誰も想像だにできなかったであろう、と。[5] 混成の植民地軍が国民軍へと急速に変貌を遂げた事実を彼が過度に強調していると考える向きには、そのプロセスに果たした彼自身の役割に、彼があえて触れていない謙虚さを指摘したい。

しかしその偉業はどのようにして成し遂げられたのか。まず何よりも、模範としてのワシントン自身の存在が決定的であった。彼は軍務に対する報酬を受け取らなかった（受け取ったのは、子細漏らさず記帳した経費のみであった）だけでなく、八年半の間、一度たりとも軍務を離れることがなかった。もちろん模範と同時に実際の行動も、軍人としてのリーダーシップには欠かせない要素であるが、これには戦場の内外で危険が伴った。ワシントンは自らの作戦をテントの中や、部下に運ばせた机の上だけで論じるようなタイプの人間ではなく、どの戦いにおいても、常に戦闘行為のすぐ傍らに実際に身を置いた。しばしば戦闘の真っただ中にわが身をさらし、あたかも火薬の匂いに酔いしれているかのごとくであった。中年の将軍ワシントンは、若き大佐の時分と同じく――しばしば愚直と思えるほど――勇敢であり、そのひるむことのない精神は、ハーレム・ハイツ、プリンストン、モンマスなどの戦いにおいて霊的ですらあった。ワシントンの勇敢さを称える士官たちの言葉は、多くの徴募兵の証言とも見事に一致する。このような言葉・証言は、彼らが記した日記や、数十年後にまとめられた年金申立書――ようやく最近、史料として注目され始めた――のなかに見出すことができる。たとえこの文書の一葉一葉は史料としての価値に疑問なしとしないとしても、それらを全体として取り扱い、さらに同時代の証言と突

図15　ヨークタウン古戦場

図16　ヨークタウンの戦いで大砲に点火するワシントン（*Frank Leslie's Illustrated Newspaper*, New York, October 22, 1881, p. 137）

き合わせることによって、戦場でのワシントンの姿をわれわれの眼前に鮮やかに浮かび上がらせることができるのである。

もっとも将軍とはいえ、あらゆる戦場に顔を出すわけにはいかないし、そこで生じたあらゆることを知っているわけでもない。また古参の士官は、必ずしもワシントンのように無鉄砲に戦場に身をさらすべきでもなかろう。しかし将軍ワシントンは戦場での経験を決して忘れることはできなかったし、あらゆる階級の部下に対して、自らが状況を完全に掌握していること、そして自身が組織の頂点に立っていることを、何らかのかたちで示さなければならなかった。ヨークタウンの戦いに参加した工兵のなかで回想録を残した唯一の人物ジョーゼフ・プラム・マーティン軍曹によれば、アメリカ側が最初の平行壕を掘り始める際に、ワシントン自身が「つるはしで数回地面を掘った。これは単なる儀式に過ぎなかったが、このおかげで、『ワシントン将軍は自らの手でヨークタウンの包囲戦を開始した』と言われるようになった」と記している。またその平行壕に沿ってアメリカとフランス側の大砲九二門の配備が完了した時、最初に点火をしたのもやはりワシントンであり、その直後、いっせいに「非常に激しい」砲撃が開始されたのである。ワシントンにとって幸いだったのは、軍隊でも会社でも煩雑な事務手続きや複雑な命令系統によって人々が大いに悩まされるようになる以前に、彼自身は天寿をまっとうしたことであろう(6)。

ワシントンは戦場での勇敢さだけでなく、このように演出にも天賦の才を発揮したことが広く知られている。それはのろまだとか、頑固じじいなどと陰口を叩かれた人物とは思えないほどの手際のよさである。彼は皆がしばしば感じながらもなかなか表に出せないようなたぐいの感情を、どのようなタイミングで示すべきなのか、軍人としての直感で感じ取れた(彼は一七八九年の大統領就任演説の際、聴衆を前にして赤くなり、口ごもって皆の目を直視することができなかったのであるが）。ワシントンはこの演出の才能――心理学への精通と言い換えてもよい――を一七七六年一二月三〇日、多くの兵士が兵役の期限切れを迎える大陸軍の各連隊を前にして発揮し、大いなる成果を収めた。彼は兵士たちに対して、国のために彼の顔に免じてあと六週間ほど兵役に留まってほしいと説き、トレントンとプリンストンの戦いを勝利へと導いたのである。彼は部隊を離れる予定だった兵士の三分の二を見事に説得し、彼らにとってもそれは忘れがたい日となった。独立革命期の何百通もの年金関係史料を調査したジョン・C・ダンによれば、多くの旧兵士たちはワシントン個人への忠誠心から兵役に留まったことを記録に残している。[7] ワシントンは今日では非常に厳しい人物として記憶されているが、彼の部下たちは彼を心優しい司令官と捉えていたし、実際、実子のなかった彼は、特に若者に対して親身に接したのである。

またワシントン自身、部下の将兵からこのように見られることは好都合でもあった。というのも一八世紀の戦闘では、武器よりも人力の占める比重が大きかったからである。破壊兵器以上に人的要素が戦闘の趨勢を決めたため、あらゆるレベルで個人のリーダーシップが決定的に重要とされた。年取った古参兵たちはワシントン将軍と共に戦ったことを大いに自慢したが、それは彼らの孫が「ストーンウォール（ジャクソン将軍）」とくつわを並べたとか、ゲティスバーグでリー将軍のそばにいたとか、ヴィックスバーグでグラント将軍と共に行動したなどと自慢するのと同じであり、逆に二〇世紀の戦争の非人間性は、復員兵たちが師団で戦ったとか司令部付きであったなどという表現をすることからも容易に看取されよう。

さらに実際の戦場の外にも、ワシントンの心配の種はいくつもあった。たとえばヴァリーフォージでの冬営までは、外国人士官に対する敵対心が大陸軍の中でかなりの程度見受けられたため、ワシントンがプロシア出身の士官フリードリヒ・ヴィルヘルム・フォン・シュトイベンに当初から全幅の信頼を置いたのは、かなり思い切っ

図17　ホワイトハウスに隣接するラファイエット広場に立つシュトイベン像

図18　コシチューシコ像（ラファイエット広場）

た行為といえた。シュトイベンはアメリカの将校任命辞令を持たないまま、義勇兵としてワシントンの司令部に到着したのだが、ワシントンはこのフリードリヒ大王のもとで戦った少佐を信頼して教練の統一的なしくみ作りを任せ、主要な行政上の諸問題についても彼のアドヴァイスを求めた。それらはことごとくよい結果をもたらし、最終的にワシントンはこのドイツ人を大陸軍の教育総監に任命したのである。工兵隊においても同様に有能で経験豊かなフランス人、特にルイ・デュポルタイユ准将や、フランスで訓練を受けたポーランド人、タデウシュ・コシチューシコなどを信頼して重用した(8)。

ワシントンの並外れたリーダーシップはもっぱら、トマス・ジェファソンとアレグザンダー・ハミルトンをともに閣僚として内閣に擁していた時期に発揮されたと言われるが、このようなリーダーシップを彼はつとに遺憾なく開陳している。ワシントンは自らを取り巻く重要なポジションに傑出した人物を配し、彼らは特定の才能においてはワシントンを凌いでおり、ワシントン自身、職務の遂行に当たって彼らから学ぶところも多かった。ワシントンは常に良き聞き手であり、独立戦争中は何回となく、アメリカ生まれの士官やヨーロッパ出身の兵士たちと夜は炉辺で会話を交し、旧世界での彼らの経験などに耳を傾けた。ワシントンは人の背中を気軽にぽんと叩くような性格ではなかったが、ディナーの席など様々な機会を捉えて、部下が自分に接しやすいように配慮したのであり、このような性格こそ、ワシントンと同じようによそよそしいとされる二人の指揮官、ウェリントン卿とダグラス・マッカーサー将軍に欠けていたものといえる。一方でワシントンは確固たる意志を秘めた人物であり、大統領としてアレグザンダー・ハミルトンより小粒に見えることなどなかったのと同様に、ロードアイランド出身で南部方面軍司令官のナサニエル・グリーンと比して総司令官の資質で劣るなどということも決してなかった。ワシントンはのちに行政府の長として内閣を組織したのと同じ理由で、独立戦争中は幕僚会議の有用性を

図19　ギルフォード郡役所国立戦跡公園（ノースカロライナ州）に立つグリーン像

高く評価したが、どちらの場合も様々な意見を聞いたのち、自らが結論を下したのである。大陸会議がワシントンに幕僚会議を開くよう指示したことは明らかであり、この組織自体、すでに確立した軍事的慣行でもあったのだが、仮に大陸会議の指示がなくともワシントンが幕僚会議を組織したであろうと断じる理由はいくつも見出せる。直接の証拠がないため推測に頼るしかないが、ワシントンは同会議のアイデアをジョン・フォーブスから学んだ節がある。フォーブスは本国や植民地の士官たちから様々な意見を巧みに聞き出し、あらゆる意見を吟味したのち、妥協点を探ったのである。ともあれワシントンは思慮深く、重要な案件の複雑さをよく理解し、幕僚会議や閣議の前に部下の意見を書面で求めたりしたが、このような性格は、当時も今も批判する者の目には弱さと映りがちである。しかし実際には的確な判断力そのものを意味しているのであり、それは将軍として、また大統領としてのワシントンのあらゆる記録が示すところであろう。

彼は有能な部下に取り巻かれていただけでなく、様々な部下の才能を最大限に引き出すことができた。なかには名もなき一兵卒から身を起こし、独立戦争で重要な役割を担うようになった者もいた。彼らはワシントンの期待に応えるためにあらゆる努力を惜しまなかったし、幕僚たちもこの総司令官に対して強い個人的な責任感を抱いていたのである。ある歴史家の記すところによれば、補給担当の士官たちはよくワシントンにしかられたが、彼らはワシントンを崇拝するのみならず愛情すら抱いており、いつでも注意深くワシントンの机を整えていたとされる。兵站総監補佐のエフレイム・ブレインは、もしワシントンの不興を買うならば自分は「世界で最も不幸な男」になるだろうと述べている。また別の者は、この「世界で最も優れた人物」に認めてもらうためならば、何でもするとすら断じているのである[9]。ワシントンの側近たちが皆このような感情を共有していたのは、何ら驚くに当たらない。ワシントンの「軍人ファミリー」に選ばれた若き士官たち（特にアレグザンダー・ハミルトンとジョン・ローレンス）は単に知的であっただけでなく、ワシントンのもとで成長を遂げ、独立革命や国造りに関わる複雑な諸問題を次第に理解するようになっていったからである。ローレンスは父ヘンリーに宛てた手紙の中で、ワシントンについて次のように述べている。「共和国の軍隊を指揮するのに最もふさわしい人物がいるとしたら、それは世界中探してもワシントン将軍を措いて他には考えられないでしょう……将軍はまさに最大限の信頼に値する人物なのです[10]」。

　ワシントンは創造的な思索家というよりもむしろ実践の人であり、軍事に関する論文は一篇たりとも著していない。もっとも独立戦争そのもののなかにも、専門的な軍事理論に対するアメリカの真にオリジナルな貢献などは見出せず、実際、愛国派の側には、政治的著作におけるジェファソンやアダムズらに比肩しうる軍事的著作家は存在しない。ワシントンは一八世紀半ば以降の最も革新的な軍事理論は、フランスに発することを確実に把握しており、部下の士官たちにこれら最新のフランス人の著作に親しむよう奨励したが、それはかつてフレンチ・

インディアン戦争の際に、イギリスの軍事的著作に注目したのと同様といえる[11]。

このように独立革命期のアメリカの士官たちが、のちに国際的なレベルの原理へと発展する軍事理論に対して何ら独創的な貢献をなしえなかったとしても、またヨーロッパにおける研究にもっぱら依拠していたとしても、彼らは決して盲従者などではなかったのであって、それは一九世紀のアメリカの軍人たちがジョミニ男爵やプロシアの理論家たちにすっかり魅せられてしまったのとは対照的であろう。大陸軍の士官たちは、彼ら自身の生の交戦経験や自らの社会の価値観をヨーロッパの慣行とうまく組合わせ、アメリカの軍事的伝統にプラグマティックな要素を持ち込んだのである。このような伝統はマクレランやハレックらによって無視されることはあったものの、テイラー、グラント、アイゼンハワー、マーシャル、ブラッドリーらによって奉ぜられたのである。

ナサニエル・グリーンのワシントンに対する次のような進言は、図らずも独立後のアメリカのプラグマティックな趨勢を先取りしているといえる。曰く「経験こそが最良の学校であり、およそ人間に関わるあらゆる事柄における最良の導き手なのです。私はヨーロッパの金言すべてに盲従するよう推奨するものではありませんが、慣習で長い間正しいとされていたことが理性によって裏付けられるならば、ヨーロッパの事例を真似ても危ういことはないでしょう」。このグリーンの言葉は、シュトイベンの天才的な直感と相通ずるところがある。アメリカ人が戦闘についてすでにある種の「先入見」を抱いていると悟ったシュトイベンは、「ヨーロッパの軍隊で採用されている原則から外れる」ことが必要だと見抜いたのである。武器の操作から隊伍を組んでの行進まで、彼はプロシアとイギリスとアメリカの経験を融合させた。さらにはアメリカの兵卒たちがそれぞれ多様な出自であるにもかかわらず、総じて彼らが思い描くヨーロッパの兵卒の待遇よりも一クラス上の待遇を求めていることを察知したシュトイベンは、『青本』として広く知られる著書『操典』の中で次のように断じている。「中隊指揮官の「第一の目標は、部下の愛情を得ることである。彼らを可能なかぎり親切に人道的に扱い、不満を聞き、問題があればそれを正すよう心掛けなければならない。中隊指揮官は部下一人ひとりの名前と性格を把握していなければならない」と。[12]

シュトイベンに対するワシントンの信頼が大きかったために、彼の手になるこの新たな『操典』の導入は、まさに絶妙のタイミングでなされたといえる。一七七七年にはブランディワインとジャーマンタウンでの敗戦で、主力軍が士気を挫かれていたし、そのころには一七七六年に計画されていた規模の兵員が確保できないことも明らかになっていたのである。実際、予想された兵員数が確保できないことや、軍の戦力が変化することは常態だったため、定期的に部隊を組合せたり、再編成しなければならなかった。たとえばマサチューセッツでは、三七個の別々の連隊が次々に創られたのである。仮にシュトイベンの改革がなされず、かつ、戦争末期まで将校団の人員構成が維持されていなければ、事態の悪化によって大陸軍は弱体化していたに違いない。

ワシントンとシュトイベンの関係に関して、シュトイベンが担った教育総監という役職についても言及せねばならない。これはワシントンとシュトイベンが共同で創り上げたポストであり、いわば「事実上の幕僚長」であった。その重責をシュトイベンが担っていたのである。彼らは教練教官の任務、また以前は兵員簿管理将校と総務将校がおこなっていた任務を併合した。ロバート・K・ライトは大陸軍が次第に「ヨーロッパ化」していったことを的確に指摘しているが、それでも「教育総監の設置は、大陸軍にはヨーロッパの先例を用いつつ、そこに柔軟性があったことも示している」と述べている。ワシントンと副官たちは「適切な場合にはヨーロッパの伝統から借用した。だが、彼らは革新的であることを怖れなかったのである」。[13]

大陸軍へのヨーロッパの影響がどのようなものであれ、一七八一年のヨークタウン攻囲戦で五、五〇〇名の兵士を率いてワシントンとともに戦ったフランス軍士官たちは、同盟者たるアメリカの印象的な戦闘行為に驚愕した。副総司令官で、詩人、かつ哲学者でもあったシャステリュー侯爵は、次のように述べている。アメリカの砲兵隊は「我々には未知のやり方で隊列を組み……それぞれの装填手は……点火する準備に入っている」。ペンシルヴァニア正規軍は「非常に勇敢で……各旅団が楽隊を有している」。またクレルモン＝クレヴクール伯爵は、アメリカの歩兵隊は「非常に優秀である。彼らは射撃がおこなわれている最中でも決して持ち場をはなれず、常に勇敢にふるまっている」ことを発見している。ジャン＝バプティスト・アントワーヌ・ドゥ・ベルジェにとって、「大陸軍は非常に戦争に長けており、よく訓練されている。……彼らはワシントン総司令官に絶大な信頼を寄せている」。だが、そのアメリカの総司令官ワシントンを観察することに最も熱心だったのは、シャステリュー将軍自身であった。彼が報告するところによれば、ワシントンは幕僚との間に、開放的でリラックスした雰囲気を作り出しているという。さらに、彼は司令部の士官は「大いなる礼節と才能を兼ね備えている」[14]とも記している。

ワシントンは大陸軍の大半の信頼を保ち、また大陸会議の尊敬も集めていたが、大陸軍と大陸会議双方の信頼を確保することは常に容易であったわけではない。それは文民と軍人の関係が概して平穏でも調和的でもなかったからである。事実、アメリカ史上、民軍関係が最も緊迫したのは独立戦争においてであった。もっとも、再建期とヴェトナム戦争期の対立も――やや性格は異なるが――同様に緊迫していたと考える研究者もいよう。だが独立戦争の場合、軍人と文民の対立は軍隊と大陸会議の間だけで起こったのではなかった。当時は邦政府、地方政府、一般民衆など、軍人と文民の関係が広範囲にわたって問われたのである。この課題はあまりに幅の広い問題を含むため、ここでは全般的に立ち入った分析はおこなわない。そのかわり、我々は軍隊と大陸会議の関係に議論を絞りたい。ワシントンは両者の仲介で重要な役割を果たし、またそのはざまに立たされることもあった。

そこで、我々はなぜ民軍関係がそれほど緊迫したのか、そして対立が深刻だったにもかかわらず、なぜクーデターにまで至らなかったのかを問題にしたい。

確かに、独立戦争における大陸軍の不満と、独立戦争以降においてアメリカ陸軍が持った不満にはいくつかの類似した部分が存在する。独立戦争の将軍たちは、武器と人員の欠乏を嘆いたが、後の二世紀間もその嘆きは続いた。現在まで軍部官僚や野戦指揮官が、一度でも満足のいく物資を与えられたと納得したことがあるだろうか。戦役が不調に終わった場合、ないしは戦争が敗北に終わった場合、指揮官にとって物資と人員に対する不満は常によい言い訳となった。少なくとも何人かの将軍にとっては、実際の要求が受け入れられるための保障として、彼らが真に必要な物資・人員の二倍を要求することが常套手段であった。[15]だが、モリスタウンとヴァリーフォージのように、軍の物質的な欠乏が痛々しいまでに落ち込んだことはあまりない。独立戦争と他のアメリカがおこなった戦争との違いはまさにその点にあろう。

一方、独立戦争以降の戦争において民軍関係をきしませた要素の中で、一七七六年には欠落していたものもある。まず、独立戦争では陸軍・海軍のどこに重点的に物資・人員を配分するかについて、文民と軍人の間で意見の不一致は存在しなかった。というのも、小規模な大陸海軍ではイギリス海軍に公然と戦闘を挑むような展望など持てなかったからである。また、独立戦争では、文民と軍人の間で軍事戦略をめぐる激論は起こらなかった。その理由はロードアイランドからジョージアまで、アメリカ人はイギリスの侵略に対して防衛に専念していたためである（だが時には、大陸会議の議員たちは個人ないし集団で、戦闘の時期や場所などに関して軍の側の決定に異議を差し挟んだり、将軍らを非難した。後者にはタイコンデロガ砦の守備に失敗したアーサー・セント・クレア将軍や、チャールストンの陥落を許したベンジャミン・リンカーン将軍が例としてあげられる）。そして、当時のような技術的に未発達の時期においては、武器体系に関する議論は存在しなかった。要求はただ「武器」のみ、だったのである。

むしろ、民軍間の軋轢は、後の時期よりも独立戦争では圧倒的に人的な性格を持っていた。というのも、士官たちは個人としても、また軍団としても悲惨な待遇を受けており、彼らはその原因が大陸会議にあると感じていたからである。外国出身の士官ばかりがひいきされることへの批判――それは戦争開始二、三年後にはあまり問題とならなくなるのだが――に加えて、士官たちは給与の安さや未払い、生活手当ての貧しさ、彼らが共通の大義のために犠牲にした年月に対して、戦後の保障が明確にされていないことなどに不平を言った。もし大陸会議が、世論に背いて邦を越えた権限の拡張をはかり、必要な物資と軍需品を大規模に徴用する命令を下して、骨ばかりの連隊に肉付けするかのごとく人員を徴兵していたならば、士官のなかには喜んだ者もいたことであろう。また彼らのなかには、国家の非軍事部門の大部分に深い憎しみを抱いている者もいた。自らは歳月を犠牲にし、身を危険にさらしてまで、革命の大義に従っている。なのに国家の非軍事部門の人々は買い占めや暴利の貪り、優雅な生活、軍事奉仕の忌避で忙しい。彼らはそう信じていたのである。おそらく、アメリカ軍の士官が国内の状況に対して類似した感情を持ったのは、ヴェトナム戦争だけであっただろう。もちろん南北戦争時の兵士たちも彼ら正規軍の背後で、冷淡さ、不平不満、反戦感情があることを認識していたに違いない。むしろ大衆がアメリカの戦争を全面的な熱狂で支持したのは、第一次と第二次の世界大戦のみであったかもしれない。

ただ、研究者のなかには、大陸軍と文民の対立があまりに激しくなってしまったので、革命とその大義が台無しになりかねなかったと考える向きもある。事実、一七七九年にナサニエル・グリーンは「現在の戦争の開始以来、公徳は驚異的に堕落した」と不平を述べている。すなわち、「道徳の喪失と公共精神の欠落によって、軍は弱体化している」というのである。そしてしばしば、事態の悪化に対して大陸会議がスケープゴートとなった。一七七六年のニューヨーク戦役の際、当時三番目に地位の高い司令官であったチャールズ・リー将軍による大陸会議批判はあからさまである。彼は、「大陸会議はその組織内に軍人がいないため、軍事的な問題について、彼ら自身も含めたすべての人を困惑させている」と息巻いた。リーの文民指導者への酷評は、その二〇年前のワシントンによるヴァジニア総督と議会への批判と共鳴する。もっともこの問題に関しては、これまで軍人の側が批判を停止したことはない。すべてのアメリカの戦争で、いかに戦争が戦われるべきかを全く理解しないとされる政治家への攻撃がおこなわれたのである。ヴェトナム戦争もその例外ではない[16]。

戦後の退役軍人の生活保障に関する問題を除いては、コンウェイの陰謀以上に軍の大陸議会に対する敵意を示す事例は存在しない。コンウェイの陰謀とは、一七七七年から七八年の冬にかけて起こったとされる事件である。大陸会議がワシントンを総司令官から外し、そのかわりホレイショ・ゲイツ将軍を着任させることを計画したという噂が飛びかった。ゲイツがサラトガでバーゴインに勝利する一方、ワシントンはペンシルヴァニアで敗退していたからである。実際、ワシントンに不満を抱いていた者は数人おり、彼らはゲイツの昇進を支持していた。だが、結局ワシントンに対する集団的な反対運動は発生しなかった。当時、ワシントンと彼の忠実な副官たちは、ヴァリーフォージで苛酷な冬を送っていたし、またその前の敗戦で敏感になっていた。そうした状況が存在しないはずの悪魔を見せたのであろう。

もし大陸会議がワシントンを解任していたら、軍は二度と起き上がれないような心理的なダメージを受けたに違いない。まず、彼が軍隊からいなくなることで、大量の除隊者が発生し、軍の組織からほぼ完全に指導者が欠落した状態になっていた可能性が高い。また、ワシントンの解任は疑いなく指揮権をめぐる陰謀を煽り立てたであろう。なぜならば、彼の後継者をめぐって、軍のすべての派閥が納得するような合意が得られたとはとても思えないからである。アメリカ軍事史上、これまでコンウェイの陰謀に比するべき事例は存在しない。リンカーン大統領はマクレラン将軍がポトマック方面軍で人望を博していたことは熟知していたし、トルーマン大統領はマッカーサー将軍の解任が自らにもたらすリスクを予期していた。だが、いずれのケースにおいても将軍の解任で戦争の帰趨を決定するような事態にはならなかった。ともあれ、陰謀のエピソードは文民と軍人両者の感情を悪化させ、ワシントンと大陸会議双方を当惑させ、すべての関係者に不愉快な思いを与えたのである。[17]

軍人の大陸会議批判から、我々は議員たちが取った行動について何を知ることができるだろうか。彼らは明らかに戦争に勝利することを望んだのであって、タイバーンの絞首台に首をつるしたり、ロンドン塔に幽閉されたウォルター・ローリー卿の幽霊の仲間になろうとしたわけではない。大陸会議は戦時中の主要な意思決定を思想的な動機に基づいておこなっていた、という説がかつて盛んにとなえられた。だが、近年の研究はこの説を完全に否定しないまでも疑問視するまでになっている。もっとも、議員たちは腐敗と公共支出への厳密な説明責任に対して大きな関心を寄せており、依然として、プロテスタント文化の価値観とイギリスのホイッグ急進派の思想がアメリカの政治思想に与えた影響は無視できない。とはいえ、党派活動も以前主張されていたほど深刻な問題ではなかったようである。アメリカとイギリスの間で紛争が開始された時点で、イギリスの抑圧によって様々な見解を持つ人々が協調したように、緊迫した戦時状態にあっては、後の戦時局面で見られたような結束の固い党派活動はできなかった。むしろ、大陸会議の間違いは、無知と経験不足によるものであって、戦場から独裁者が登場することを怖れたためではない。[18] たとえば、大陸会議の最も大きな失敗の一つは、軍事部門と諸邦間の権限を適宜、移動させることによって、軍需物資の供給が改善されるよう努力したことによって生じた。その時々の危機に対処するのではなく、体系的かつ長期的な計画をしていれば、大陸会議は戦争運営でもっと功績をあげることもできたであろう。

むしろ、足を引っ張ったのは諸邦の対応である。諸邦はしばしば大陸軍の需品係将校および兵站部将校と物資をめぐって争った。彼らは軍需品を自分の邦の民兵隊だけに保持したり、正規軍内における自らの部隊だけのために使おうとした。物資供給の問題に関して、諸邦は大陸会議よりも理念的な動機で行動しているかのように振舞った。E・ウェイン・カープは次のように主張する。『邦権力』はその構成員の福利、私有財産の尊重、住民の自由、軍への文民権力の優越をまず第一に優先する。その原則があまりに強いため、時には大義に忠実であるよりも戦争に負けることを選ぶように見えたかもしれない」(こうした国家の非軍事部門と前線の摩擦は一八六一年から六五年にかけて、ジェファソン・デイヴィスと南軍指導部の間に再燃する)[19]。

この問題に代表されるような邦の狭い考え方は、頻繁に大陸会議と衝突した。しかしながら、大陸会議はそれぞれ同格の地位にある邦の許可を得てようやく機能している超法規的議会にすぎなかった。したがって、軍の物質的な需要に応じるための政治的なシステムが不十分だっただけでなく、軍の視点を反映するための機関も備えていなかった。しっかりとしたコミュニケーションをとるための手段がなく、軍事と関わりのある問題について、意見を交換するための場も欠いていたのである（大陸会議がワシントンの宿営地へ委員を走らせたり、逆に士官グループが時折彼らの不平を列記した請願を議会へ送ったりしても、コミュニケーション環境の劣悪さは改善されなかった)。

一七八七年に制定された合衆国憲法のもとでは、軍とのコミュニケーションの問題に関する責任の所在が明確になっている。軍とのコミュニケーションの役割は、大統領がそのつど適任だと考える行政部門の長官と陸海空軍の幕僚長が担い、最終的な責任は大統領に帰せられる。つまり合衆国憲法では、軍と政府の間で行政機構上の公式な回路、いわば「パイプライン」を確立することが意図されたのである。だが革命当時、そうした回路は全く存在しなかった。そのため、フラストレーションの溜まった将軍らは、公式ないしは非公式に大陸会議の代表に手紙で訴えざるを得なかった。そして将軍らの訴えの内容は、受取人がうっかりともらしてしまわなくても、例外なく誰にでも伝わった。ロードアイランド選出議員のスティーヴン・ホプキンスは、士官たちからの利己的な書状にうんざりしており、「私は羽ペン将軍なんて奴は見たこともない」と不平を言ったと伝えられる。[20]アーノルドやチャールズ・リーといった将軍たちも公の場の内外で議員を刺激する癖があり、時に暴発した。だが、結局は、議員を非難することはワシントンを傷つけ、軍の行動にとっても障害となっていた。同じく、ホレイショ・ゲイツがやったように、軍人がパトロンを得ようとして大陸会議のメンバーにすり寄る場合にも、軍は被害を被ることになった。

もちろん、ワシントンさえもフラストレーションがたまって、ずさんな対応をしていたとすれば、彼の大陸会議および諸邦との関係は悪化していただろう。彼ほどの権限を持った軍人が利己的な振舞いをすれば、大陸会議に集まった空論家のホイッグ主義者たちがすべての軍人に対して持っている懸念を確証することになったろうし、同時に戦争が始まったときに大陸会議が彼に与えた信頼を全面的に裏切ることになったに違いない。逆に、ワシントンの行動に注目してみると、大陸会議は理念的というよりも実践的に応対しており、また、たとえ大陸会議の多くのメンバーがホイッグ急進派的な固定観念を抱いていても、それがワシントンと大陸会議の協力を妨げなかったことがわかるのである。ときには議員たちもワシントンの視点、すなわち冷淡な軍人の視点さえとった。しばらく、ワシントンと大陸会議のやり取りを見てゆくことにしたい。

ワシントンは文字通り軍と大陸会議の仲介者であった。軍の側は時に応じて強弱はあるものの、多様な不平と不満を抱えていた。他方、大陸会議の側は、多くの士官の気が短く、彼らは議会という組織のしくみに気を配らず、大陸会議が脆弱な体質と卑小な権限しか持っていないことに対して無頓着である、と考えていた。その結果、議員たちは軍と文民権力の間の距離を離しておくことが望ましいと信じた。それは、軍に文民政府の超越的な地位を自覚させ、軍人が情実と影響力を得ようと政治家に取り入るのを防ぐためであった。

一方、ワシントンは大陸会議に任命された責任があり、またかつて大陸会議のメンバーでもあったし、同時に軍の総司令官であった。したがって彼は大陸会議の意思から逸脱した行動を取ったり、その権力に挑戦するということを決して許されない立場にあった。逆に、彼の立場は軍の利害を大陸会議に表明する権利を有していることも意味した。後のアメリカ軍の司令官で、これほどユニークで重要な性質を持った立場にあった者は存在しない。だが、ワシントンの直面した仕事は大きく、そして複雑なものであった。後の時代であったならば、文民と軍人の間の誤解を解決するために機能する行政機関が必ず存在した。ところが、彼の時代にはそうした機関が欠如していた。彼は自分の多岐にわたる任務――それ自体が非常に重圧であった――をこなしながら、軍の要望を大陸会議に、また大陸会議の要望を軍に説明しなければならなかったのである。サラトガの戦いの際に、ホレイショ・ゲイツ将軍は次のように嘆いている。「アメリカ軍の将軍はすべてをやらねばならない。そして、それは一人の人間がなしうる限界を越えている[21]」。

ワシントンの任務は次のようにまとめられる。大陸軍組織を維持すること、毎年春に新兵を集め、他方で戦闘休止期間に疲弊した民兵に士気を保つよう呼び掛けること、必要な食糧、制服、テント、銃、弾薬を調達すること、である。これらすべての仕事をこなすには、大陸会議だけでなく、邦と地域レベルの政治指導者へ訴え続ける必要があった。そして、まるでクズ拾いのように、ワシントンは雑多な集団をまとめ、戦わせて、勝利するという重労働にも直面していた。もちろん無責任な政治家と官僚の手助けは一切ぬきに、である。だが、彼はこうした国内の敵と、真の敵であるイギリスの両者に勝利した。なぜそのようなことが可能だったのだろうか。それを説明するには、ヴァジニア植民地の士官時代に学んだ貴重な体験、ボストン攻囲時の経験、そして全戦争期間中における総司令官としての模範的な行動を再度顧みる必要があろう。

彼の現存する書簡が驚異的に質の高い文章であることは疑いない。フリーマンが少しばかり誇張して、ワシントンは九〇パーセント行政官で、一〇パーセント戦闘の司令官だったと揶揄するゆえんである。彼は自分の多くの時間を現在ならば幕僚の仕事と考えられる作業に費やした。現在、何千通という彼の戦争開始時点からの手紙が保管されており、フィッツパトリックの編集した『書簡集』二五巻を埋め尽くしている。アメリカ史において、現在刊行されている司令官の手紙――編集が終了したものであれ、現在作業中のものであれ――でワシントンほど大規模になるものはない[22]。

ワシントンは上級の権威に忠実で、文民統制の考えに献身していた。だが、彼の書簡は、彼が重大な問題に対していつも黙従していたわけではなく、自分が同意しない大陸会議の決定にまで追随したのではなかったことを伺わせる。本来、自由社会の将軍が「イエスマン」である必要はない。とはいえ、彼の考えが拒否されたならば、たとえ納得ができなくとも、上司の命令は実行せねばならず、そうでなければ彼は自分の職を辞さねばならなかったはずである。だが、実際には、ワシントンはしばしば彼の意見を正式なルートを通じて表明した。彼の行動はアメリカの軍事的伝統への価値ある貢献なのである。

ワシントンは何度も彼の心の内を明かし、そして明確に発言している。彼は、軍が述べる限りない不満は大陸会議を怒らせるだけだと認めていた。だが、彼は大陸会議の議員たちに、軍が短期で決着する戦いに従事しておらず、軍は野営の中で、最低限の物資で生き延びるために苦闘することにほとんど毎日を費やしている現実を認識させようとした。「戦闘の休止は……彼らの不満を育てる肥やしとなり、彼らの置かれた状況の厳しさの重みを増す」。従軍していない人々が暴利を貪ったり、敵と取引しているという報告を兵士たちが聞く時間などは十分にあった。ワシントンは次のように警告する。「軍の外部で多くの人が得ている巨大な利得は、軍勤務を日常生活と対比させ、従軍の不便さに辛さを加える」。ワシントンは早くも一七七八年一月に、大陸会議を急がせて、軍のために彼らの戦後保障の計画を立案させている。彼はそれがいかに正しいか、またどれほど士官たちが従軍の辛さを感じているかについて、はっきりと申し立てたのである[23]。

また、フレンチ・インディアン戦争で得た「人間の本質についてのわずかな知識」から、ワシントンは大陸会議に「公徳」よりも「利益」こそ、人間の行為の決定要因となることを気づかせようとした。それは理想主義的なアメリカ人にとっては、決して認めたくない真実であった。彼らは、共和主義に基礎を置くアメリカ独立革命は、強い道徳心を持った国民が存在する場合にのみ、ゴールに辿り着くことができると信じていた。また彼らは、人々が日常生活と人間関係の上で、正直さ、勇気、献身、自己犠牲等の性質を欠いたならば、革命が間違いなく失敗に終わると信じていた。ワシントンは非常に慎重であったため、公的な書簡では、そうした考えがいかに幼稚であり、人間性の現実を無視したものであるか、などとは言わなかった。だが、大陸会議への様々な手紙で、彼は何千という兵卒を軍に留めることができなかったこと、そして洪水のように多数の士官が辞任していくことを指摘している。

革命が理想主義を必要とするのは疑いない。だが、同時に革命は常識と現実主義をも必要とするのである。ワシントンは十分に両者を持ち合わせていた。彼は公徳が神話である、などとは言わない。むしろ彼は、たとえ共和国においても、公徳心が人間の大部分を導くには限界がある、と指摘するのである。公徳だけで永久に人間の行為を統治することはできない。特に、人々が自身と家族に人生のすべてを変えてしまう犠牲を支払わせなければならない場合には、公徳は十全に機能しないのである。ワシントンはこの問題について端的に述べる。「私は愛国主義の理想を徹底的に排除せよと言っているのではない。私は愛国心が存在することを知っているし、現在の戦争中も愛国心を保つことができると思う。だが、私はあえて次のように主張したい。大規模で長期間にわたる戦争は、愛国心だけで支えることはできないのだ。愛国心はいくばくかの報酬を得るという希望によって支えられねばならない。おそらく、一時的には理想それ自体によって、人々は行動へと駆り立てられ、多くを堪え忍び、困難に立ち向かうであろう。だが、利益によって支えられない限り、人々は理想を持ちこたえることはできない㉔」。

他の問題についても、ワシントンは大陸会議の議員たちに多くの提言をした。たとえば、あまりに多くの外国人が大陸会議から士官に任命されており、しかも、アメリカ人士官でその任に値する人物よりも高い地位に就いていることなどである。この問題についてグリーン、サリヴァン、ノックスらの将軍たちは憤激した調子で大陸会議に書簡を送り付けていたが、ワシントンだけは抑制された言葉で同じことを語った。また、ワシントンは通常、個々の将軍と政治家の間の争いは避けるように努めたが、ナサニエル・グリーンと大陸会議との間で需品部門の管轄権をめぐって諍いが生じ、グリーンが軍を追放されそうになったときには、彼の擁護にまわった。ワシントンの判断では、このロードアイランド人は失うには惜しい人材だったのである。グリーンの南部戦役での功績を見れば、ワシントンの仲裁がいかに正しかったかが証明されるであろう。そもそも、軍に軍需品を継続的に供給するという問題は悪夢のようについてまわっており、ワシントンもシステムの不備が、大陸会議と需品係将校のどちらの失敗でもないことを認めていた。だが彼は、軍への食糧補給の任務を軍から諸邦へ転換するという、一七七九年の大陸会議の決定には猛烈に反対した。彼はその決定が「描写できないほど有害」な結果をもたらす、と厳しく批判した。また大陸会議が、すでに認められていたバーゴイン軍の捕虜を解放する約定を改定しようとしたときには、「人道に反する行為」と呼んだ。結果的には、大陸会議は少なくとも決定の一部をくつがえしたのである。[25]

またワシントンは、彼の意図がもしかすると誤解されているのではないか、と率直に意見を表明することもあった。例えば、一七八〇年四月三日に大陸会議議長に宛てて、彼は次のように述べている。「我々の状況を説明する際に、まさか自分の任務を越えた無作法な行為をしているなどとは思われないことを望んでいます。公共の任務への情熱、軍に必要な情報すべてを伝えたいという望み、そして我々が現在経験している悪夢のような状況への紀憂、私はそれ以上の考えは持っておりません。以上のことを大陸会議のみなさんが信じて下さるように切に願っております[26]」。

大陸会議はワシントンの忠誠心が厚く、個人的な野心がないことを認めていたので、ワシントンはより効果的に大陸会議への批判と自分の関心事を伝えることができた。だが、どの程度まで、彼の意思を通じさせることができたのであろうか。通常、彼は自分の意見を大陸会議議長に伝えていた。ところが、議長の役職は必ずしも政府で最も名声と影響力のある地位ではなかった。一七七七年にジョン・ハンコックが辞任した後は、ほぼ毎年、人が変わった。そのため、ワシントンはすべての大陸会議議長と友好な関係を作り上げねばならなかった。すなわち、サウスカロライナのヘンリー・ローレンス、ニューヨークのジョン・ジェイ、コネティカットのサミュエル・ハンティントン、デラウェアのトマス・マッキーン、メリーランドのジョン・ハンソン、ニュージャージーのイライアス・ブーディノー、ペンシルヴァニアのトマス・ミフリンらである。議長が同じ邦出身であることはなく、彼らの能力にばらつきがあることも、決して偶然ではなかった。一七八一年にジェイムズ・マディソンが辛辣に述べているように、「輪番の原則」には、できるだけ多くの邦が議長の椅子に座れるようにしている以上の理由はなかったのである。[27]

ここで我々は再び、中央政府と軍の間のコミュニケーションが制度的に制約されていたことを想起せざるを得ない。軍のスポークスマンの役割を担うべき役職と機関――それらは一七八九年以降になってようやく機能しはじめるのだが――が存在しないために、コミュニケーションの責任を負ったのはワシントンただ一人であった。結果的に、ワシントンは前述のようなやり方に依拠することになった。このやり方は今日ではあまり賛成できるものではない。事実、後のアメリカ史においても他の将軍たちに深刻な問題を残してきた。有名なところではマッカーサー将軍であろう。ワシントンは、他の選択肢はなかったと信じたし、おそらく彼は正しかった。ワシントンは早くも一七七五年七月から大陸会議のメンバーに手紙を送り始めている。議長への親書では、遠慮せずに彼の見解を表明することもあった。それは彼が適切だと考える限度を超えた振る舞いであったかもしれない。とはいえ、彼は議員のホプキンスが嫌った「羽ペン将軍」のような利己的な振舞いはしなかった。また彼自身、一七五〇年代にディンウィディ総督に対峙しておこなったような、特定の政治党派との接触は自制している。さらに、かつてワシントンは、フレンチ・インディアン戦争時に一部の政治家を「炉辺の政治家」と呼んで軽蔑したが、そうした態度も総司令官になってからは見られない。総司令官として、彼は自分の邦に特別の情実をかけたわけでもなかった（実際には、ダニエル・モーガン、ジョージ・ウィードゥンらの将軍は、ワシントンと同じヴァジニア出身だからという理由で、彼らの昇進が封じられたと感じていた）。とはいえ、ワシントンはヴァジニア選出議員――最初はリチャード・ヘンリー・リー、後にはベンジャミン・ハリソンとジョーゼフ・ジョーンズ――に考えを伝えた方が安心感があったであろう。[28]

＊　＊　＊

前章で見たように、ワシントンはニューイングランド人との最初の交渉や、永続的な軍隊を確立するための大陸会議への説得工作の経験から、気転と社交性がないと自身の仕事がもたないことに気づいていた。ワシントンにとって軍と大陸会議の両者に互いの立場を説明する仕事は綱渡りのようなものであったが、他の仕事においても状況に変わりはなかった。彼はすべてを包括するような地位にあったものの、その義務と責任は厳密に定義されておらず、特に彼自身の戦闘現場の外にいる司令官との関係はあいまいなものであった。独立戦争以降も、アメリカが戦争をする際、管轄領域の問題はいつもつきまとう問題だった。たとえば、南北戦争でのハレックとグラントの関係、第一次世界大戦でのマーチとパーシングの関係、朝鮮戦争での統合参謀本部議長とマッカーサーとの関係などである。司令官ないし幕僚長と、野戦指揮官との正確な関係がどのようなものであるのかは、いつもはっきりしていなかった。だが、独立戦争時とは異なり、常に陸軍長官や（第二次大戦後には）国防長官に補佐された総司令官としての大統領がおり、長官らは司令官の責任範囲を決定する手助けをしていたのである。[29]

ワシントンは、自分独自の方法を編み出していた。彼は意志決定の権限があやふやな領域には関与しないことを選んだ。それは、問題が微妙で論争を呼びそうであったり、また彼自身、当の問題について直接の知識がないなどの理由による。ワシントンは自らの任務のほとんどすべてが、大陸会議によって中部方面軍として指定された地域に限定されると明確に主張した（すなわち、ニューイングランド方面軍、北部方面軍、南部方面軍、西部方面軍とは別の部隊である）。そして、通常は各地の方面軍を率いる司令官の指名を断っていた。そうすることによって、彼は選ばれなかった将軍と、彼らの大陸会議内の友人の双方を傷つけることを回避したのである。また、彼は特定の人物や事件について意見を述べることを固辞したし、仕事を求める一般市民を大陸会議に紹介したりしなかった。彼は自分に事故があった場合、後継者として誰が適切なのかをほのめかすことすらしなかった。

一七七六年から七八年にかけて、大陸会議は当時の人々が「専制権力」と呼ぶ権限をワシントンに賦与しようとした。議員たちは事態が危機的になった場合を想定していた。すなわちブランディワインとジャーマンタウンでの二度にわたるアメリカ軍の敗北後、実際にペンシルヴァニアで生じたように、イギリス軍の勝利によって邦政府が事実上崩壊するような事態である。この「専制権力」には以下の権限が含まれていた。邦の許可なしに部隊を召集し士官を任命すること、大陸紙幣の受領を拒む者を逮捕すること、邦の規定に従わずに軍隊に食糧と軍需品を徴発すること、市民に戒厳令を課すこと、である。

だが、ワシントンはそうした恐るべき権力に大きな不安を抱いており、たとえ革命や生存のための戦争をせねばならない場合でも、独裁者への道を選択することは気が進まなかった。賢くも、彼はめったに武力を使った威嚇に頼らなかった。ただ一度だけ、彼は総督のようにふるまうことがあった。忠誠派についたすべての男子に、アメリカに宣誓を誓うか、さもなくば「彼ら自身とその家族」を敵の陣地に退却させるように求めたのである。そのことで、彼はニュージャージーの大陸会議代表エイブラハム・クラークに、邦の主権を越権していると痛烈に批判された（クラークは頻繁に軍批判を繰り返した。だが興味深いことに、総司令官については厳しい言葉を慎んでいる。それはアメリカの将軍職固有の責任に関するゲイツの警告を想起させるものである。ワシントンは

「あまりに多くの責任を負っているために、すべてのことには配慮できない」と)[30]。

軍の中で物資は絶対的に欠乏しており、ワシントンが専制君主になるかどうかにかかわらず、軍が物資徴用をおこなう可能性は完全には絶たれなかった。だが、ヴァリーフォージでの冬を除けば、一七七九年以前には、ワシントンは大規模な徴用を避けるような戦争運営をおこなっていた。たとえそれをおこなうときでも、ワシントンの直接の指揮下にある需品係将校は、徴用に関する邦立法に必ず従うよう注意を払った。需品係将校と兵站部将校に委任を受けた徴発係は、農民の荷車や穀物を徴発する以前に、地域の治安判事に徴用を許可してもらうための請願をおこなった。物資の徴用を受けた農民は証明書を受領し、後に弁済を受けた。ワシントンが財産徴用を最小限に留めたのはいくつかの理由があった。第一に、徴用が正当化されると、軍の中には「放縦さ、掠奪、泥棒」の気質が醸成される。第二に、徴用は「最良の温情を持った友人の中にさえ、大きな警戒心と不安を煽りたてる。そして、間違いなく人々のなかに不満、嫉み、恐怖が蔓延する」。第三に、徴用は独立革命の原理と矛盾する。そもそも独立革命は、一七六〇年代のイギリス議会による課税に対して植民地が抵抗したことに起源を持っていた。アメリカ人は、一六八八年の名誉革命に関する偉大な解釈者であったジョン・ロックの説に依拠して、個人であるか代表であるかを問わず、人々の同意なくして財産が没収されてはならない、と主張したのであった。ワシントンが自分の部下の兵士に語っていたように、戦争を戦う目的はあくまで「彼ら自身の権利を守る」ためであって、その権利には「財産」も含まれていたのである[31]。

一七八〇年は革命にとって最も苛酷な年であった。この年には、大陸会議は大陸軍への物資供給を諸邦に依存せざるを得なくなっていた。また、記録的な水準にまで物価が上昇した。さらにチャールストンが陥落したのもこの年のことであった。同年、ワシントンに以前よりも包括的な権力を与えようという試みがなされた。重要なのは、この件に関するイニシアティヴを執ったのは軍ではなかったことである。当時、大陸軍はアメリカで最も困窮した集団であったことは間違いない。事実、「軍の問題に関する文民による解決」とカープがうまく表現しているように、一七八〇年に軍は革命の軌道修正をするために大陸会議にリーダーシップさえ求めている。[32] むしろ、そのきっかけをつくったのはいくつかの邦議会と政治家であった。たとえば、ニューヨークの議会は大陸会議をせきたて、「人員、資金、食糧、他の物資供給を怠っている邦」に対して、ワシントンが拠出を迫るように命じさせようとした。ニューヨークの議会はワシントンによる直接徴用さえ打ち出していた。すなわち、軍事力を使って、「他の邦に強要して軍の欠乏を満たせばよい」というのである。一七八〇年一一月にハートフォードで開かれた会議では、ニューヨークとニューイングランドの代表が同じような主張をおこなった。従来の研究では、ここでなされた提案は、実質的にワシントンを「軍事独裁者」にし、彼が望むのならば大陸会議はそれに応じるべし、とするものだったと言われている。[33]

ハートフォード会議で提案された計画は、大陸会議の一部で支持されたことは疑いない。もっとも、それをどのようにして履行するかについては様々な意見がでた。一七八一年三月には、ジェイムズ・マディソン、ジェイムズ・デュエイン、ジェイムズ・ヴァーナムからなる委員会が、怠惰な「邦がその連合規約を満たす」ように「強制する」連合規約の修正条項を提案した。代表の中には、本来の規約を広く解釈すれば、自己主張の激しい邦に対する強制は認められると考えた者もいた。リチャード・ヘンリー・リーは大陸会議のかつてのメンバーで、当時はワシントンに近い立場にいたが、一七七七年にはゲイツ支持グループに加わっていたと言われる。彼はフィラデルフィアで独立宣言などをおこなった一七七六年〜七八年の議員の先例にならい、諸邦に責任を遂行させるための強制力をワシントンに与えるよう、ヴァジニア代表に懇願していた。[34]

もしワシントンが強大な権力を要求していたならば、どのような事態になっていたのだろうか。我々には知る由もない。だが、彼は強大な権力を要求しなかった。そして、彼が一七八〇年と八一年になされたこの計略を推し進めようとした証拠は少しも存在しない。彼は自分の権限を拡張したり、大陸軍に対する一般市民の感情を煽り立てることはせずに、彼のいつものやり方で大陸会議の権限を強めようとしたのである。[35]

＊＊＊

独立戦争が終盤に近づくと、国の政策を円滑に進めるためには大陸会議と軍が妥協し、温和な関係を築くことが必要であるという意見が両者に共有されるようになった。まず大陸会議は軍の福利厚生に関心を示した。それは、大陸会議の議員となった何人かの大陸軍元将軍の指導力が発揮されたためであった。また大陸会議が財務総監に選出したロバート・モリスの指導力も貢献していたといえよう。一七八三年二月に、ワシントンは次のように断言している。「私は部隊がこれまでの冬営に比べて、格段によい待遇を受けているのを見るにつけ、非常に満足している。彼らは以前よりも多くの衣服を与えられ、多くの食糧を供給されている」[36]。こうして軍需品の欠乏に対する不平はようやく聞き入れられた。だが、まさにこの時、一部の軍人が無謀な計画を起こそうとした。軍を大陸会議のバックにつけようというのである。この計画は必ずしも文民統制を犠牲にすることを意味しない。むしろ、犠牲になるのは諸邦であった。実は、このときまでに公債保有者や軍の下級士官を含む大陸会議内外の一部のナショナリストたちは、共通の敵を見いだしていた。それが一三の邦政府だったのである。彼らは結託して、大陸会議と邦自体に圧力をかけ、連邦の権限を強めて、大陸会議に大陸軍に関する未解決の諸問題を処理させるつもりであった。すなわち、未払いであった軍人への給与を支払ったり、退役軍人に対して終生に渡って俸給の半額を支給する年金制度について最終的な決定をおこなわせようというのである。後者はもともと大陸会議内で合意に達していた事項でもあった。にもかかわらず、大陸会議の財政が悪化し、実現は危ぶまれていた。この計画を裏付けるように、大陸会議議員のジェイムズ・マディソンは、ワシントンが「非合法な手続きを嫌っているために、全階級の軍人に非常に不人気となっており」、「多くの指導的人物」が彼に代わってゲイツを着任させるように画策している、との報告を聞いている。[37] このゴシップを流した者たちが、本気で計画を実行しようとしたのか、邦と連邦の政治家を脅したかっただけなのかは定かでない。

その後の事件の展開次第では、ワシントンが大陸軍に対して以前のような強い統制力を失っていることを証明する結果となったかもしれない。だが、ワシントンは決して指導力を失っていたわけではなかった。そのころ軍が関心を持っている問題が十分に解決されていないのに、軍が解散するのではないのかとの見通しが広がっていた。ワシントンはすぐに軍の中に流れる不穏な空気を察知し、ジョーゼフ・ジョーンズに次のように相談している。「戦争が始まって以来、最も不穏な空気が軍の中に広まっている。この冬は、長い間忘れていたプライベートな事柄に専念するためにヴァジニアへ帰省しようと思っていたが、それは断念せねばならない[38]」。

大陸軍はその冬、ハドソン川流域のニューバーグに宿営していた。そのため、士官らの取った行動は、現在「ニューバーグの陰謀」として知られている。しかしながら、彼らの行動はあえなく挫折した。それにはいくつかの理由があった。一つは、将軍職にあったほとんどの者が参加に消極的だったことである。陰謀への呼びかけに対するヘンリー・ノックス将軍の返答は、アメリカ軍に対する信念とも言える。それは彼の時代だけでなく、現在にも妥当するであろう。「私はアメリカ軍の評判は、この世で最も汚点のないものの一つだと考える」。彼は次のように断言する。「我々はどんなに堕ちても不正と侮辱にだけは手を染めはしない。なしうる限り耐えてみせようではないか」[39]。ふりかえってみれば、戦争を通じて、軍事クーデターの計画はいっこうに存在せず、大陸軍のなかにクーデターを強行に推し進めるグループさえ存在しなかった。また年金など、軍が関心を持っている問題が解決せぬまま軍が解散することを本当に拒んだかどうか。それも実のところはっきりしない。もちろん、軍が解散を拒否することは、軍の力を怖れた者たちが最も懸念していたことだったが[40]。

しかしながら、もしワシントンが軍の不満を無視したり、非常に激昂した調子で書かれた「ニューバーグ檄文」――この檄文では彼らの主張を議会に押し通そうと、脅迫的な言葉で軍の強い結束が要求されていた――の主張に同情を示さなければ、状況は悪化していたに違いない。そのようなシナリオを想定した場合、事件がどのように進展していったのか、我々にはほとんど想像もつかない。最低でも次の結果は予想できる。もし、檄文を将校団が採用し、ワシントンが大陸会議に送付して、大陸会議が素早く是正措置を取っていれば、国家の政治的・憲政的な手続きに軍が干渉するという危険な先例を作っていたであろう。実際には、すぐにワシントンは集まった士官たちの前に現れ、彼らを説得して、ワシントン自身が彼らの正当な不満を大陸会議に――しかも慇懃なやり方で――提示するための手助けをする許可を求めたのである。この場面は、おそらく戦争中、最も劇的な場面であったろう（独立戦争は、こうした劇的な場面を数多く登場させた戦争であったことは記憶しておく必要がある。例えばその一つに、軍の解散時にニューヨーク市のフローンシス酒場で、ワシントンが部下の士官に別れを告げた情景があげられる）。ニューバーグでのワシントンは、最初、きっぱりとしつつも柔和な言葉を語った。しかしその直後、次の行動へ移ることを、一瞬、躊躇した。そして、新品の眼鏡を取り出してかけた。その時、革命の緊迫した時間は、非常に感傷的な時間へと変容したのである。彼の視力が落ちていたことを知っている人は非常に少なかった。彼は手探りで眼鏡を直し、まるで謝罪するかのように言った。「紳士諸君、どうか眼鏡をかけるのを許していただきたい。私は白髪まじりになってきただけでなく、徐々に目が衰えて、国のためになすべき私の義務さえもはっきりと見えなくなってきたのですから[41]」。

このパフォーマンスは、ワシントンの才能に関して以前に指摘した二点を明確に示している。彼の優れた演出のセンス、そして大陸会議と軍を仲介する役割である。どちらをとってみても、これは最大の見せ場であった。事実、三月一二日から三〇日の間に出された彼の命令書と議員たちへの手紙を読むと、いかに彼が効果的にふるまおうとしたかがわかるであろう。ワシントンは士官たちに向けて、フィラデルフィアの代表が非常に「高揚した感情を」軍に対して抱いているに違いないと言う。「だが、規模の大きな政治組織にありがちなように、彼らの中にはあまりに多くの利害関係があって、その調整は難しい。彼らが熟慮するには時間がかかるだろう」。一方、大陸会議に向けては、彼は士官たちの申し出の慎み深さと提案（三月一五日、彼が士官の前に現れた日に採用された）の公明正大さを強調した。彼はその提案に力強い支援の手紙を添えて、大陸会議に送付したのである。また、この非常に重要な時期にも、ワシントンは大陸会議の影響力あるメンバーに直接連絡を取るという、お得意の戦略にも訴えた。三月二二日には、大陸会議が年金問題に決着をつけた。すなわち、半額の年金を終身にわたって支給するのではなく、政府が保有する債権の利子を財源にして、退役後の五年間に満額を支給する方針に切り替えたのである。ワシントンは大陸会議の決定をすぐに将軍命令で伝えた[42]。年金問題は大陸会議と軍の間で論争となった唯一の問題ではなかったが、当時、最も微妙な問題の一つであった。したがって、年金問題の解決は、大陸軍が解散する前に対処せねばならない他の課題の試金石となるものであった。実は支給方法の切り替えは、最も合理的な解決方法と言えた。というのも、それは軍の妥協の産物だったからである。もともと、士官たち自身、「ニューバーグ檄文」の前に本質的には同じアイデアを提起していた。そうすることで彼らは、生涯にわたって給与の半額を支給するという初期の計画に対する文民側の懸念に配慮した。空論家の反軍隊派は言うに及ばず、多くのアメリカ人が当初の計画は大陸会議の権限を越えている、あるいは年金生活者階級を形成し、共和国にとって不健全な状態をもたらすに違いない、と考えていたからである[43]。

実のところ、ワシントンはニューバーグの陰謀の核心にある考えには同情していた。彼は公債保有者と結託した政治家集団が、彼らの目的のためだけに軍を操ろうとしたのだと信じていた。彼は、文民であれ軍人であれ、不満分子が武力で支配しようとしているとは思っていなかった。にもかかわらず、大陸会議議員のアレグザンダー・ハミルトンにははっきりと警告しているように、ワシントンにとって、軍とは「弄ぶには危険な玩具」であった[44]。こうしたワシントンの政治家と実業家への攻撃は、後のアメリカ史においても、しばしば反復されている。たとえば、国の行政官僚と彼らの追従者が経済を活性化したり、冒険的な外交政策を遂行するのに、軍を増強させたり、軍産複合体を構築することを、批評家は批判してきたのである。

ニューバーグでも、もちろん戦争全般を通じても、ワシントンは軍の士官たちと格闘せねばならなかった。士官たちは文民政府の行動、そして社会全般の態度と価値観に対して非常に憤慨していた。そして彼の部下の一部は、革命を救っているのは自分たちだというのに、仲間である国民から疎外されているのではないにしろ、孤立しているのではないかという疑念さえ持っていた。チャールズ・ロイスターによれば、武力で不平を改善しようとする者はほんの一握りにすぎなかった。だが、その他大勢も、自分たちこそが社会の他の構成員以上に、国民の行く末を決定し、連邦と邦の関係や体制改革などの問題に対する知恵を授ける資格がある、と考えていたと言う。このような自身の個人的な経験が社会全体に深い洞察を与えるに違いないと信じることは、必ずしも異常な心理状態だとは言えない。したがって、次のようなロイスターの判断はやや短絡的なものだと思われるが、一片の真理は含んでいよう。ロイスターは次のように言う。「軍人たちは、戦時下での経験によって、少数の愛国主義者こそが共和国の救い主として特別な権力を握るべきである、という主張を共有した。大陸軍の士官たちが持った愛国主義的な職業意識は、愛国主義者の一グループや党派のみがアメリカ独立革命［と国民］の理想を体現しているとする、その後のアメリカ史で繰り返される主張を典型的に示していよう[45]」。

仮にロイスターの主張で教訓めいたものがあるとすれば、一つの団体ないし組織が、その経験の高潔さ、道徳性、受難によって、国民すべてを代弁する権利を獲得しうるという観念は間違いである、ということになろう。また彼らの意見に自動的に大きなウェイトが与えられるべきでもない。それは、米国自由人権協会、「民主的行動のためのアメリカ人」、全米教会会議、モラル・マジョリティ、ペンタゴン、いずれであれ同じことである。ただしこれらの団体は、「自由な思想の市場」で自分たちの考えを表明する権利を持っているし、その権利を十分行使すべきである。この「自由な思想の市場」なくして、アメリカという国家の最終的な意思が決定されてはならない。いま一人の聡明な兵士であるジョージ・マーシャル将軍ならば、この考えに応じてくれるに違いない。彼は第二次大戦の前夜、次のような見解を表明している。「国家の防衛は莫大な投資を要するビジネスである。したがって、根本的な事実に耳を傾け、この国が進むべき道は何であるのか、基本的な考えを持っておくことが市民一人一人の義務であろう[46]」。ワシントンとマーシャル、この二人の将軍にはどのように国家を防衛し、戦争を遂行するかを考える際に広い視野から考える能力が備わっていた。この一事をもってしても、アメリカ軍が決して一枚岩でなかったことを知ることができる。他の利益団体や政治組織と同じように、アメリカ軍には近視眼的な人々もいれば、遠方を見据えることのできる人々もいるのである。

マーシャルの考えは現在では自明のことだが、アメリカ人にとっていつもそうであったわけではない。特に、古典古代とイギリスに起源を持つ反常備軍思想に染まっていた一八世紀の人々にとって、決してあてはまることではなかった。また一八世紀には、文民統制を確保する原理となる立憲民主主義という政治体制をすべてのアメリカ人が理解しているとは言えなかった。立憲民主主義の原理は、南北戦争前の長い時間を通してようやく理解されていったのである。しかし一八六〇年代になっても、民主主義がホイットマンの「奇妙な、悲しい戦争」と呼んだものの犠牲になるのではないか、という危惧は相変わらず存在した。近年の戦争に関しても、再び市民の自由をいかに確保するか、そして、軍の不当な力をいかにして抑制するかに対して関心が高まっている。もちろん、軍事クーデターのようなことが起きると考えている人はめったにいない。『五月の七日間』のような空想小説を除いては。

独立戦争のような長期間続く戦争では、いやがうえにも軍事力に対する緊張が高まるものである（独立戦争に比類すべき長さを持った戦争はヴェトナム戦争をのぞいて他にない）。実際、大陸会議は一七八一年に連合規約が批准されるまでは、依然として超法規的な議会にすぎなかった。そのため、批准の前にも後にも一三邦は、ワシントンと大陸軍を手本として大陸会議に忠実であろうなどとは考えなかった。一三邦は大陸会議の物資と人員の要請に対していやいや応対したし、時には無視さえした。本来、しっかりと制度化された文民統治体制が確立されていなければ、軍事的な圧迫をかわすことはできない。このように政治制度が確立されていない状況では、もし仮に大陸軍が大陸会議を脅迫する、あるいは政治体制を転覆させようとしたとしても、どのような意味で非合法にふるまったことになろうか。結局、戦争が終わろうとする段階でも「革命」は進行中だったのである。そして現在でさえも、暴力をともなう社会の大変動の行く末を完全に予測することなどできない。一七七六年以来の歴史から我々が何らかの教訓を学ぶとすれば、間違いなくこのことであろう。

だが、仮にすべてが順調にいったとしても、アメリカ人の中には勝利の鉄則がホイッグ急進派の理論と矛盾するという現実を知って苦悩した者もいたに違いない。かつてのアングロ・アメリカ的な神話では民兵隊に多大な防衛の責任が与えられていたが、独立戦争では彼らの責任は小さかったのである。愛国派の人たちは、多くの人々が大陸軍に加わらないことを懸念した。彼らの考えでは、多くの人が軍の任務につけば、それだけ長期契約で兵員募集をする必要もなくなるからである。結局、大陸軍は兵卒の大部分を下層民から調達せざるを得なかった。これは、独立自営の農民と職人が軍の中核をなすべきであるというホイッグ急進派の理論から大きく逸脱していたことは言うまでもない。一方、これらの理想的な市民層——どの程度存在したのかは厳密には定かでないが——は、一七八三年にようやく自分たちのものになった勝利を、軍にも正当に分け与えることを拒もうとさえした。彼らの考えでは、職業軍人を賛美することなど不健全なことであり、危険でさえあった。ロイスターは革命思想の性格を検討し、うまくその本質を言い当てている。「アメリカ人たちは、彼らが委ねたはずの戦争を軍隊から取り戻した。そして、どのようにしたら人民がともに戦争に勝つことができるのかを示したのである。こうして将来にわたってアメリカが独立し続けるためには、軍事機構を確立するのではなく、公徳心を確立することが不可欠となったのである。むしろ、公徳心こそが今後も独立を維持する力になると信じることで、アメリカ人たちは公徳心こそが独立を勝ち取った原動力であると信じようとしたとも言えよう[47]」。

だが、そうした態度は大陸会議よりも邦の役人や政治家、さらに物書きの市民に多かった。実際、反大陸軍の言説の大部分は、ワシントンの軍隊が駐留したことで多大な負担を強いられ、結果的に軍が求めている支援を苦々しく思っていた諸邦から寄せられたことは多くの証拠が裏付けている。ワシントンを批判する際に——もっとも頻繁に犠牲になったのは需品係将校などの部下だったが——、諸邦の人々はアメリカ社会の文脈には相応しくない言説に訴えた。それはホイッグ急進派のタームで彩られた言説だった。すなわち、常備軍は市民の自由を奪い、腐敗した専制君主の道具になり、市民を上官の命令に盲目的に従うだけの下手人へと堕落させ、そして社会から永遠に疎外される集団にしてしまう、というものである。こうした言説は、軍が政府や社会を統制して事実を歪めてしまうというような単純な批判と何らかわりがない。

当時の書簡、特に私信を読むならば、誰でも奇妙な感想をもらすに違いない。多くの手紙の中で、まるですべての革命家たちが残りの革命家たちを攻撃しているようだし、もしかすると彼らは「赤服」を身につけているのはイギリス軍であって、仲間のアメリカ人ではないということを忘れているのではないか、とまで思わせるのである。これまでアメリカ独立革命はリベラルで、穏健で、保守的な性格を持つといわれてきた。だが、今や我々は独立革命を担った者たちが、激しい対立を抱えつつ戦争を遂行していたという像を描くべきであろう。もちろん、ここ二世紀の間で起こったあらゆる革命戦争のなかで、独立戦争が最も内部対立が少なかったのだとしても。

ワシントンは長らく対立する集団の板ばさみになってきた。そのため彼は兵士であれ市民であれ、ほとんどの同胞以上に、自由で開放的な社会には軍に対する警戒心が強いことを理解していた。しかも、彼は苦心してこの警戒心が大きなものにならないようにしようとした。ロシャンボー伯爵を驚かせたように、当時、軍を統制する体制は全く整っていなかったにもかかわらず、その試みは十分成功したと言ってよい。換言すれば、彼は職業的な軍隊が市民の自由と両立し得ることを証明したのである。このことは現在までほとんど認知されていない。当時、常備軍の危険性がどれほど感じられたか。一六九七年に、イギリスのホイッグ急進派のジョン・トレンチャードが書いていることを参照してみよう。「立憲体制下では軍を破壊せねばならない。さもなくば軍が立憲体制を破壊するであろう」。彼の恐怖はアメリカ独立革命の際にも多くの人々に共有されていた。たとえば、大陸会議議員ジェイムズ・ヴァーナムは、「政治的そして市民的自由は、銃声の鳴り響く中でも、純粋に享受できるのであろうか」と疑い、軍事力に対して非常に懐疑的になっていた。だが実際には、革命の最中でもアメリカ人たちは、人が革命という動乱の性格から想像するよりもはるかに平穏に市民的自由を保持していた。それはワシントンと彼の軍隊が信頼できる軍隊だったからである。大陸軍はワシントンが形づくった軍隊であり、兵士が不平を述べる場合に求めるのは、給与の支払いであって権力ではなかった。被害を被った一部のアメリカ人にとっては、大陸軍はヨーロッパの常備軍のように見えた。だが、彼らは決して帝国とその栄光を求める旧世界の支配者の手先ではなかったのである。[48]

アングロ・アメリカ世界の外では、文民が軍隊を統制するという発想はほとんど生まれなかった。ようやく文民統制の思想は、一七世紀後半のイギリスにおいて現代に近い形になる。だがそれ以降、イギリスでは国を分裂させかねないほどの極限的な戦争は起きず、ほんとうに文民統制の思想が機能するかどうか確かめられることはなかった。皮肉にも、初めてそれが試されたのは本国ではなかった。一七七五年から八三年にかけてアメリカで起こった独立革命こそ、最初の試金石だったのである。しかも、独立革命は文民統制の原理から派生する数多くの系も生むことになった。特に重要な系の一つは、戦争は国家の理念や市民の権利と完全に首尾一貫して遂行されねばならない、というものであろう。

一七七六年、マサチューセッツ政府はワシントンを賞賛して次のように述べている。「彼は『この植民地の体制』に多大な敬意を払っている」と。独立戦争終結後には、同じセリフが国家全体についても表明された。事実、ワシントンが総司令官の職を辞することを大陸会議に申し出た際、アナポリスにあるメリーランド州議会議事堂でまみえた大陸会議議長トマス・ミフリンは、ワシントンに次のように餞別の言葉をかけている。「あなたが成し遂げた偉大なる功績は、何よりも文民権力へのゆるぎない信念と、それを追求するための知恵を持って、苦難の続く戦争を指揮したことにありましょう[49]」。こうしたアメリカ人の心情があったがゆえに、大陸会議は退役するワシントンに大いなる敬意を払ったのではないだろうか。

第四章　ジョージ・ワシントンとジョージ・マーシャル

ジョージ・ワシントンの遺産をアメリカの軍事的伝統の中に見出そうとするならば、ジョージ・マーシャルこそもっとも相応しい人物といえる。一般には二人ともヴァジニア人とみなされ、マーシャルは最後のヴァジニア人とも評される。マーシャルは実際にはペンシルヴァニア生まれだが——鼻にかかった話し方にそれが表れていることを彼自身も認めていた——、ヴァジニアでその生涯の大半を過ごしている。彼の生まれ故郷、ペンシルヴァニア西部の町ユニオンタウンは、ヴァジニアがかつて領有を主張していたオハイオ峡谷にいたる広大な領域に含まれ、ヴァジニアのこのような主張のために、彼が少年期を過ごしたまさにその地でワシントンが戦ったのである。つまり少年時代、マーシャルが狩猟や魚釣りをした場所こそ、ワシントンがスゥール・クロン・ドゥ・ジュモンヴィル率いるフランスの小部隊に勝利し、ネセシティ砦を築き、その後、彼自身がフランス軍に捕らえられたところであり、ブラドックの死に際しては、ワシントンらはこの地にその亡骸を埋葬した。また連邦最高裁長官ジョン・マーシャルの遠縁に当たるジョージ・マーシャルは、ヴァジニアに家系のルーツがあった。彼はヴァジニア士官学校を卒業しており、退役後の一九四五年には、長い公的職務を終えたワシントンが簡素な田園生活を望んだごとく余生を過ごしたいと、ヴァジニアの片田舎の在所で隠遁生活を始めている。リーズバーグの堂々とした住居ドドナ・マナーは、かつてワシントンの兄弟の孫が一時所有したこともあり、マーシャルにとってそこはまさに彼自身のマウント・ヴァーノンであった。ワシントン流に表現すれば、彼は「自分の家の葡萄の木や無花果の木の下で」休息し、思索に耽けろうとしたのである（もっともマーシャルであれば、愛するバラやトマトの傍で、ということになろうが）。二人とも純粋に衆人の注目から逃れたいと望み、過去の栄達から利益を得ようなど少しも望んではおらず、回顧録の出版を申し出る出版社や好意的な人々の誘いをかたくなに拒んだ。マーシャルの場合、『サタデー・イブニング・ポスト』紙が回顧録に一〇〇万ドルもの額を提示してきたとき、彼の銀行口座にはたった一三〇〇ドルしか残っていなかった。(1)

しかしながら、終戦時にこの二人の将軍が思い描いた私生活と隠遁という夢は実現されなかった。これまでとは違った形の責務が要請されると、生来の無私な性格と責任感から、それを拒絶することができなかったのである。ワシントンは初代大統領に就任し、マーシャルは戦後の中国に派遣される特使の代表を務め、のちにトルーマン政権の国務長官および国防長官を歴任した。彼らが国家のためにもう一度働くことをいとわなかった理由に、その個人的な性格を挙げることができるが、それはまた、一般にワシントンからマーシャルにいたるまでのヴァジニア人が受け継いだとされる性格の範疇に入るものでもあった。マーシャルは、ワシントンや彼の同時代の偉大なヴァジニア人たち、そしてロバート・E・リーのように、石のごとく確固たる人物であり、自らが選んだ目的のために邁進し、決して努力を惜しむことがなかったと言われる。

ワシントンとマーシャルが備えていた特有の雰囲気に加えて、ヴァジニア人は生粋のヴァジニア生まれであれ、ヴァジニア人となることを選んだ者であれ、人々と集い社交的な生活を楽しむよりも、疎遠や孤高を好むという事実があった。それに引き替え、二人の名前がともにジョージであるという点は、さして注目に値しない。二人とも大の大人として、なれなれしくファーストネームで呼ばれることを好まず、彼らがめぐらせた心の鎧を破ろうとする者には徹底して冷淡にふるまったからである。彼らがともに打ち解けた交流を避けたというのは、おそらく何よりも彼らの残した逸話が端的に語っている。

一七八七年、フィラデルフィアの憲法制定会議に集まった代表のなかには、ワシントンのよそよそしく打ち解けない態度を指摘する声もあった。機知に富む大胆な人物として知られていたグヴァヌア・モリスは、同僚たちの間で、彼とワシントンの間柄が腹心の友のような関係であると誇張され、注目されていることに気をよくしていた。このときアレグザンダー・ハミルトンはモリスに難題をもちかけた。ハミルトンは、もしモリスがワシントンに歩み寄り、彼の背中をたたいて「将軍どの、お元気そうで何よりです」と言えたなら、夕食とワインをおごろうと言い出したのである。モリスはそれまでの自信に満ちた言動とは対照的に気後れした様子を見せてはいたが、促されるままにこの賭けを実行した。彼はワシントンに近付き、一礼して握手をし、左手でおそるおそるワシントンの肩をたたきながら、「将軍どの、お元気そうで何よりです」と言ったのである。するとワシントンは突然凍りつき、握手した手を放し後退りして、衆人の当惑のなか、赤面したモリスを何も言わずまじまじと見つめた。(2)

ワシントンのこの逸話は、彼の人となりをよく伝えるものではあるが、真偽のほどは定かでない。しかし次にあげるマーシャルの話は紛れもなく真実である。一九三八年、マーシャル（彼は当時、参謀長代理になったばかりであった）はフランクリン・D・ローズヴェルト大統領との初めての公式協議の場で、彼が同意できない空軍力に関する問題について大統領から質問を受けた。飛行機の優位性を立証しようとしたローズヴェルトは、「ジョージもそう思うだろう?」とマーシャルに同意を求めたのである。しかしマーシャルは冷たい目を大統領に向け、「大統領、申し訳ありませんが、その件についてはまったく同意しかねます」と答えた。誰かれなしにファーストネームで呼ぶことを好んだローズヴェルトも、以後マーシャルを将軍という呼称以外で呼び掛けることはなかった。のちにマーシャル自身はこの件について次のように回想している。「われわれの親密な関係をそのような奇妙な形で表現されるのは、私にとってはなはだ気の進まないことであった」と。(3)

マーシャルはわれわれの時代に近く、そのうえフォレスト・ポーグが見事な伝記を著したおかげで、彼の軍事的貢献はワシントンの場合よりもはるかに正確に把握することができる。一方、わずかな例外を除き、まっとうな文民の歴史家で、軍人としてのワシントンに強い関心を示した者はほとんどない。またどういうわけか、ワシントンはつい最近までアメリカの軍事史の著作をほぼ独占してきた職業軍人からもさして注目されていない。これは、軍人が歴史や歴史に関連した事柄に強い関心を示す傾向があることを思えば、かなり異例といえる。有名な戦いを研究することは、戦闘意欲を掻き立て、士官たちに自らが戦場に立ち、重要な戦術を実行している感覚を与え、また思いがけない出来事や偶発的な状況を察知する能力を高めるのに役立とう。さらに重要な点は、軍事作戦を立て戦闘を指揮するための戦略に高所から携わっているように感じさせることである。マーシャルは一九二七年、ジョージア州フォート・ベニングの歩兵学校の校長補佐に就任した際、軍事史に関する短いモノグラフを書かせるという、以前からあった課題を、これまで以上に積極的に活用した。彼自身、陸軍大学校の学生として「過去の作戦」、とりわけ普仏戦争や南北戦争の作戦を熱心に研究した経験を思い出していたのである。しかしながらマーシャルも、学生たちに独立戦争におけるワシントンの戦歴を調べるように指示することはなかった。

実際、ワシントンの戦いは独立革命の直後から、すぐに古くさく時代遅れとみなされるようになった。西洋世界で影響力を持った軍事的著作は、相変わらずアメリカ人ではなくヨーロッパ人の手になるものであったし、ワシントンが指揮した戦闘や戦役には何も目新しいものがないように思えたからである。アメリカでの戦争はそれぞれの部分に分解すると、新しいと見えたものでもその多くはヨーロッパの軽歩兵や散兵戦などですでに先取りされており、そのうえヨーロッパの君主国は、一七七五年にイギリスがアメリカで直面したようなタイプの戦いを自らがおこなうとは夢想だにしなかった。第一、そもそも独立戦争は戦略の研究が一つの研究領域として認められる以前の戦いであり、この分野が成立するのはナポレオンの出現を待たなければならない。ナポレオンはもっぱら、守りではなく攻めの戦い――壊滅作戦――を得意とし、それゆえ彼は多くの国で制服組の研究者のイマジネーションを掻き立てた。一方、ワシントンの場合は、その軍事行動のほとんどが防御的であった。軍人としてのワシントンがヨーロッパ人から顧みられないとすれば、一部の通俗作家やロマンティストのたぐいをのぞいてアメリカ人から顧みられることもない。大西洋の両岸で軍事を専門とする著作家や思想家は、スイスの軍事研究家で戦略研究の創始者、ジョミニ男爵の催眠術にかかっていた。彼こそナポレオンの実戦や原則を研究し、集大成した人物である。ラッセル・ウィグリーは次のように書いている。アメリカ人にとってさえ「実例研究の対象は圧倒的にナポレオンであり、ワシントンはまったくといってよいほど対象とされなかった。ウェスト・ポイントの初期の戦略家たちは、彼らのクラブをワシントン・クラブではなく、ナポレオン・クラブと呼んでいた。アメリカにおける戦略研究の先駆け、デニス・ハート・マハンやヘンリー・W・ハレックの著作の大部分は、ナポレオンにさかれており、ワシントンについての記述はわずかしかない[4]」。

このほかにも、ワシントンには真剣な軍事的学問研究の対象とするには限界と感じられるところがあった。当時の軍事研究はアメリカ軍にフランスの影響を取り入れることにあまりにも熱中しており、砲兵と工兵――その起源は実際にはナポレオン以前にまでさかのぼる――の二つの分野が重要な研究対象として注目され、また一九世紀以降、軍事教育は技術的・科学的な性格が強まったからである。ウェスト・ポイントの新しい士官学校ではとりわけこの傾向が強く、初代校長のジョナサン・ウィリアムズと、歴代校長のなかでもっとも影響を持ったシルヴァナス・サイラーは、ともにフランスの軍事システムをつぶさに観察するためにヨーロッパに赴いている。またサイラーは、何千冊もの本をハドソン河畔の士官学校の図書館に持ち帰っている。一方ワシントンは、正式の軍事教育を受けた経験は一度もなかった。一七七五年以前にはヴァジニアの将校任命辞令しか手にしたことがなく、その戦闘経験はフロンティアに限定されていた。

彼はまた、自らの職務に忠実な職業軍人の士官たちからも、軍隊内での自らの野心に照らしてむしろマイナスの人物と見られていた。ワシントン自身の軍事的経歴が、民間人や民兵に肩入れする（すなわちナポレオンやジョミニにとっては忘却の彼方の主張をする）人々に、「合衆国には大規模な正規の軍事訓練は不必要である」との実例を与えているように思われたからである。事実、ワシントンのようなタイプの軍人は、ハーヴァード大学から高い称賛を得た。同大学学長のチャールズ・W・エリオットは、ヴァジニア人ワシントンの持つアマチュア的経歴を高く評価し、一八七一年卒のヘンリー・キャボット・ロッジは、ワシントンを天性の「闘士」として描き、彼こそ「その行動において情熱的で猛々しく」、自らが習得しなければならなかった軍事技術を直接戦場において学ぶことができた人物とした。[5] ワシントンの死後一世紀のあいだ、政府はいざ戦争となると民兵出身のアマチュアたちを連邦軍の高い階級に迎え、彼らは逆に従軍した経歴を、政治における最高の職に就くための足掛かりとして利用した。このうち、国内での確固たる支持を背景に、アンドリュー・ジャクソン、ウィリアム・ハリソン、フランクリン・ピアス、ラザフォード・B・ヘイズ、ジェイムズ・A・ガーフィールド、ベンジャミン・ハリソン、ウィリアム・マッキンリーの七人は大統領職に就任している。

このように士官たちは、集団として見れば、専門性を重視した一部の士官が望むほど——すなわちフランスやドイツと同程度には——専門的でなかったのであるが、かといってこれらの士官たちが、軍人としてのワシントンを敬愛していたわけではない。彼らは民主主義や平等を建前とするアメリカにおいては、いやというほどの困難に直面させられていたからである。アメリカという国では、法律家であれ、医者であれ、軍人であれ、専門知識や訓練を必要とする職業は、せいぜい尊敬と嫌悪が相半ばする目で見られるのが関の山だったのである。

アメリカ軍最初の総司令官に付されたこのような評価は、アメリカが米西戦争後、世界強国にのしあがってもさして改善される兆しはなかった。軍事史家がワシントンを取り上げる際には、議員としての責務など、ワシントンがのちに軍人としての幅を広げるのに役立ったと思われるさまざまな要因はもとより、フレンチ・インディアン戦争時代ですら無視するのがつねであった。ヘンリー・B・キャリントンやマシュー・フォニー・スティール、ウィリアム・A・ガノーら制服組の歴史家の著作もまさにこのようなものであり、ガノーの一九四二年に出された最後の改訂版では、ダグラス・マッカーサーの経歴や人格にワシントンよりもはるかに多くの関心が注がれている。制服組の歴史家からワシントンが讃えられるとすれば（彼らはみな一応敬意を払ってはいるが）、それは彼の人となりである可能性がもっとも高い。スティールが讃えたように、揺るぎない義務感や忍耐力、機転、目的意識、愛国心、不屈の精神が称讃の対象とされたのである。[6]

このように、ワシントンが軍事関係者から軍人として尊敬されるなどめったにありそうにはなかった（二〇世紀に入ってもこの状況はさして変わらなかった）が、たとえそのような人物が現われたとしても、ワシントンの否定的な側面に言及しないではいられなかっただろう。戦争を続けるのに必要な兵員を十分に確保できなかったとか、軍事訓練が不十分な民兵に過度に依存したとか、あるいは、大陸会議は戦争を遂行する専門知識に欠けていたにもかかわらず、軍事的決定に加わることを主張したといったことが、しばしば指摘された。確かにここには、彼ら自身の時代にとって価値ある教訓があった。紛争に際して革命時のワシントンよりも備えを十全にするためには、国民は平時においても相当規模の軍隊を保持すべきであると、彼らは訴えたかったのである。

自らの目的のために書かれたともいえるこれらの著作のなかで、エモリー・アプトンの『合衆国の軍事政策』がことに傑出しているとされ、金ぴか時代やその後の時代にも、士官たちに大きな影響を及ぼした。ウェスト・ポイントの卒業生だったアプトンは、南北戦争の重要な戦闘の記録を収集することに力を注いでいる。彼は母校の校長として視察旅行に出かけているが、その後もアジアやヨーロッパの軍事制度を調査するため海外に赴き、帰国してからはアメリカの軍事に対する意識と実践を厳しく批判した。彼の主張は次のようなものであった。アメリカの軍事に対する誤ったアプローチは革命に由来している。それはアメリカの軍事制度——あるいは制度の欠如——が独立戦争にその端を発しているからである。アプトンの目には、ワシントンが誰よりも如実にこのことを立証しているように映った。彼はその著作のなかで、大陸軍兵士の不規則で短い兵役期間や、大陸会議、諸邦《ステイト》についてワシントンが語ったことを、その文脈に関係なく、革命から生まれた軍事的伝統が無価値であると主張するために引用した。対立する当時の主張を考察するわけでもなく、ワシントンがそのときどきに感じたであろうフラストレーションに配慮するわけでもなかった。この改革提唱者の「革命の教訓」全一五条はだらだらと続く過ちの列挙とでもいうべきもので、その過ちのほとんどはその後の紛争でも相変わらず繰り返されているという[7]。

ナポレオンとジョミニがマハンやハレックの英雄だったのに対し、アプトンとその信奉者はオットー・フォン・ビスマルクやヘルムート・フォン・モルトケのドイツ型の軍隊に見習うべきモデルを見た。プロイセンの軍隊は一八六六年にオーストリア、七〇年にフランスに勝利し、近代国家ドイツの形成に成功し、まさに破竹の勢いであった。ドイツ国家形成の軍事史は、アメリカ革命を導いたワシントンらの記録より、はるかに多くの有益な教訓を含んでいるように思われたのである。アプトンは自らが推奨する改革案の骨子を連邦議会の委員会で披露しているが、そこには大統領や陸軍長官を差し置いてまで、軍ヒエラルキーの権威を高めるような幕僚の位置付けや、常備軍の大規模な拡充も含まれていた。ウィグリーは「アプトンの本を読むかぎり、彼は軍事における文民指導者の役割を軍司令官らの行動を追認する程度に縮小して、かろうじて合憲性を保持させるだけでよいと考えていたようだ」と述べている[8]。

このように皮肉にもワシントンは、彼自身の軍歴と革命時の経歴とにほとんど見るべきものがないと思われたがゆえに、アメリカの民衆が受け入れなかったドイツ風の軍事制度を擁護するためにしばしば引き合いに出された。もっとも、ドイツ風の軍事制度が嫌われたのは、多くの市民が平和主義者であったとか、軍事力が増強されている時代に実際に軍事クーデターの発生が心配されたからではない。むしろ人々は政府を小さく、税を低額に抑えようとし、一八一二年戦争後のアメリカがヨーロッパの混乱とは無関係であると見なしていた（これらは一九世紀には全く正当であるとされていた）。軍事体制の危険性は、軍隊それ自体よりも、西半球での勢力拡大などの対外政策のために、陸海軍をより増強しようとする政治家に由来したのである。省みれば、平時の軍事費は当時、決して十分とは言えなかったが、二〇世紀の大戦以前にはかなり妥当なものであったと結論付けてよかろう。ウェストポイントなど士官学校での士官の養成や、沿岸やフロンティアでの軍事拠点の維持、そして西部開拓にこれらの軍事費は用いられたのである。

むろん、マハン、ハレックそしてアプトンのような軍事理論家たちが、厳密な意味で専門的な水準の発言者として著述し、ヨーロッパの理論が非常に有益なものだと主張したことに誤りはなかった。確かにアメリカの将校団は最高の技術をもつ必要があった。というのも国家の非常事態の際には、彼らは多くの若者を一市民から軍人へと鍛え上げる必要があったからである。もしアメリカの軍人たちが、ジョミニやモルトケと同じように、以前のドイツの理論家であるプロイセン人カール・フォン・クラウゼヴィッツを見習っていたならば、彼らは防衛と交戦とに関わる特殊アメリカ的な問題にもっと関心を抱いただろう。多くの軍事理論家とは異なり、広い視野をもっていたクラウゼヴィッツは、その主著『戦争論』を通じて武力闘争が政治の延長にすぎないことを強調した。一方、アメリカの軍人たちはワシントンに関する記録を無視したが、ワシントン自身はアメリカの歴史と伝統を理解し、その結果長期にわたる兵員の補充に関して如才なく大陸会議に掛け合い、兵士の訓練においては常に彼らの民間人としての経歴に配慮していた。

アメリカの戦争に関する文民の研究者も軍人の研究者も、確かに軍隊の文民統制という理念に寄与したという理由で、常にワシントンを賞賛してきた。アプトン派の中には心ならずもそうした者もいたかもしれない。しかし一八八一年の『ユナイティッド・サーヴィス』誌に掲載されたO・O・ハワード将軍の論説に見られるように、熱狂的に賞賛した軍人も存在する（ハワードの論説は、いくらか興味深い資料である。というのも過去一五〇年以上にわたり、軍事にかかわる定期刊行物はほとんどワシントンを扱わなかったからである）[9]。これらの主題に関して最近二本の論文が発表されたが、そのうち一本は文民によるもの、もう一本は軍人によるものである。文民のリチャード・H・コーンは次のように書いている。他のあらゆる人物以上に「ワシントンは、正規の政治的ないし制度的なチャンネル以外の手段で、権力を模索したり掌握したりすることを断固拒否したがゆえに、記憶され感謝されるべきである」。実際、「彼が指揮をとった最初期から、文民の権威への敬意は彼の第一原則であった」。他方、軍人のジェイムズ・L・コリンズ・ジュニア将軍は次のように述べる。「ワシントンの事跡、イメージ、そして伝説さえもが、アメリカ将校団の形成や責任あるリーダーシップという理念の普及において、多大な影響を及ぼしてきた。私は第二次世界大戦の参謀長であるジョージ・C・マーシャル将軍が、ワシントンの伝統に忠実に従っていることを指摘したい[10]」。

ワシントンとマーシャルとの間に関連性を見た文民の歴史家は、ロバート・E・リーの傑出した伝記作家でもあるダグラス・S・フリーマンである。七巻にわたるワシントン伝を当時執筆していたフリーマンは、一九四三年の「年男（マン・オブ・ザ・イヤー）」として『タイム』がマーシャルを選んだことを歓迎した。マーシャルの「非常に気高い性格」は、ワシントンについてジェファソンが語っていることと、実際には同じであるとフリーマンは考えたのである。ジェファソンは言う。「彼ほど正しい判断を下す人物はいない……ワシントンの清廉さはきわめて純粋であり、彼の公正さは私がこれまで知っている中で最も確固たるものであり、利害や血族関係、好悪といった動機が彼の決定にバイアスをかけることはなかった」。「それこそジョージ・マーシャルだ」とフリーマンは付け加えた。「それどころか、彼はワシントン以上にそう形容されるべきである」。ハーヴァード大学もまた、ワシントンとマーシャルを関連付けている。この大学は一七七六年にワシントンに法学の名誉博士号を授け、他方マーシャルにも一九四七年、戦後ヨーロッパの経済復興に関するアメリカの提案の輪郭を描いた、いわゆるマーシャル・プラン開始の演説の際に、同じ学位を授けた。後者の学位授与式においては、性格、清廉さ、さらにアメリカの理念と制度への尊敬という点で、マーシャルは他にただ一人、ワシントンとのみ比肩しうることが述べられたのである。[11]

しかしながらワシントンとマーシャルは、これまであまり比較されることがなかった。それどころかさらに驚くべきことには、アメリカの軍事的伝統を探究しようとする研究者は、この二人の「ヴァジニア人」に格別の注意を払うことすらなかったのである。だがT・ハリー・ウィリアムズの論文は、より深い比較軍事分析のための手がかりを提供してくれる。一九五一年のトルーマンとマッカーサーの論争の余波の中で、ウィリアムズはアメリカの軍事的指導者が「マック」型あるいは「アイク」型に分類でき、自身が明確に後者を好んでいることを認めている。「アイク」型の軍人は開放的でゆったりしており、気さくで時に社交的であり、アメリカの民主的理念に同調し、結果として文民の上司との関係をよく理解していた。ウィリアムズはザカリー・テイラー、U・S・グラント、そしてドワイト・D・アイゼンハワーが「アイク」型の伝統を最もよく示していると考えた。それに対して「マック」型の軍人たち――ウィンフィールド・スコット、ジョージ・B・マクレラン、ダグラス・マッカーサーといった例が挙げられる――は高慢で冷酷で芝居がかっており、時にはわざとらしくさえあったと言う。この「マック」型の価値観と行動は、古めかしいエリート意識に由来していた。こうした性格はすべて、「マック」型が文民統制を快く受け入れることを、不可能ではないにせよ、困難にしたのである。[12]

このウィリアムズの論文に対して、アメリカの民軍関係を論じて影響力を有した著作『軍人と国家』の中で、サミュエル・P・ハンティントンは批判的に応じている。ハンティントンはウィリアムズの理論がいくつかの点で有益ではあるが、「視野が限定されており、『アイク』型と『マック』型の範疇に当てはまらないアメリカの軍事的伝統の重要な要素を含み込めていない」と考えた。ハンティントンによれば、「マック」型と「アイク」型は、軍事への政治の関与という伝統の二側面にすぎない。ハンティントンはこう断言している。「真の対立は、テイラー・グラント・アイゼンハワー路線とスコット・マクレラン・マッカーサー路線との間にではなく、むしろ片やこれら両者と、片やアメリカの軍事主義というプロフェッショナリズム（シャーマン・パーシング・リッジウェイ路線）との間にある」と。それゆえに、実際には「アイク・マック」型と「アンクル・ビリー」型あるいは「ブラック・ジャック」型とが区別されるべきなのである。[13]

ハンティントンの共感は（彼が定義した形では）プロフェッショナリズムの方に向けられていた。彼の著書の実際の主人公は、一八六九年から八三年まで陸軍の指揮官として采配を振るったシャーマンである。ハンティントンはシャーマンを、アメリカにおける近代的な軍事プロフェッショナリズムの父と見ている。シャーマンは、フォート・リーヴェンワースに置かれた陸軍大学校の創設者であり、他の士官学校や軍事雑誌の後援者でもあったが、自身をアプトンの後見人と考え、軍事改革に関しては連邦議会よりも部下の考えを支援した。

おそらく我々は、アメリカの軍事的伝統として政治に配慮する将軍もいると指摘することで、ウィリアムズとハンティントンの構想を統合することができよう。「アイク」型はその点では毅然とふるまい、「マック」型は少なくとも論争を引き起こしうる振舞いをした。他方「アンクル・ビリー」型の軍事指導者は、（ハンティントンによれば、いずれの場合にも）文民との親密な結び付きが軍隊の清廉さを損ない、十全なプロフェッショナリズムの発揮を阻害すると感じていた。そのため、彼らは努めて文民との関わり合いを避けようとしたのである。

ウィリアムズとハンティントンの説は刺激的ではあるが、アメリカの軍事的遺産の諸要素を過度に単純化する傾向が見られる。実際のところ、個々の将軍がアメリカの軍事的伝統の二側面の中でも最良の部分を、同時に代表することは不可能なのだろうか。必ずしも容易なことではないが、それは可能であり、その根拠はワシントンとマーシャルの経歴の中に見出せよう。

ここではウィリアムズの言う政治的要素に目を向ける前に、まず先の範疇にたち戻って、ハンティントンの言うプロフェッショナリズムを検討する必要があろう。ワシントンとマーシャルは、それぞれがアメリカ史の最も決定的な時期に司令官の任を負う以前に、プロフェッショナルな性質を有するきわめて重要な軍事的経験に恵まれた。彼らの司令官就任は、ワシントンについては、当時の世界最強国イギリスに対して一三植民地が対抗した独立戦争開始直後の一七七五年六月のことであり、マーシャルについては、ヒトラーの軍隊がポーランドに押し寄せたまさにそのとき、一九三九年九月のことであった。にもかかわらず、彼らの経験と能力を考えると、司令官の役職にはいまだ不十分であると感じる者もいた。たとえば熟練のイギリス人士官にして、かつてエカテリーナ大帝にも仕えたことのある将軍チャールズ・リーの方が、ワシントンよりも好ましいと見る向きもあった。また一九三六年にも依然として大佐であったマーシャルは、一九三九年に先任の旅団長や主要な将官の頭越しに昇進した。ワシントンにとって長期にわたる指揮の経験が唯一、フレンチ・インディアン戦争での連隊レベルのそれであったのに対し、マーシャルは第一次世界大戦においては一師団をも指揮しなかったのである。

ワシントンをプロの軍人と見なすのは適切でないかもしれない。というのも、彼は決して革命以前には平時の任務を負っておらず、今日私たちが考えるような軍事的プロフェッショナリズムは、ジョミニとクラウゼヴィッツの時代に始まるからである。とはいえ当時の基準では、フレンチ・インディアン戦争や独立戦争の際、ワシントンはまさしくプロの軍人として振舞ったと言える。これらの戦いの間、彼は軍隊生活への敬意を忘れたことはなかった。彼はアレクサンドロス大王、ユリウス・カエサル、プロイセン王フリードリヒ二世など六人の偉大な将帥の胸像を、マウント・ヴァーノンの自宅に並べようとして果たせなかったが、一七七二年に自身の肖像画——最初のものとされる——を描かせたとき、かつてのヴァジニア連隊の軍服を、つまりアメリカの自由を求める戦いの証として、第二回大陸会議の開会時に着たのと同じ軍服を、ワシントンは着用したのである。

我々は二つの戦争において、ワシントンが教師のように兵士と接したことを強調してきたが、この教師はシュトイベンなど他の人々から学ぶことにも熱心だった。ワシントンを尊敬する士官が大抵は自身もその志向において、きわめて軍人らしかったという事実は非常に重要である。それはたとえば、ジョン・ローレンスやアレグザンダー・ハミルトンのような賢明な若い士官、ナサニエル・グリーンやヘンリー・ノックスのような独学で軍事を学んだ高位の士官、ラファイエット公爵やシュトイベンのような志の高いヨーロッパ人義勇兵、ヨークタウンのフランス遠征軍の士官、とりわけドゥ・シャステリュー侯爵といった面々である。

図20　ラファイエット像（ワシントンＤＣのラファイエット広場）

他方、マーシャルのプロとしての資格は明白である。第二次世界大戦以前の彼の履歴は、国の内外を問わず豊富な経験で埋め尽くされている。たとえばフィリピンでの勤務、フォート・リーヴェンワースの陸軍大学校で学生・教師として過ごした歳月、フィリピンでの再度の勤務、第一次世界大戦期およびその後に連合派遣軍と共にすごしたヨーロッパでの二年間、参謀長ジョン・J・パーシングの特別補佐官を務めた一九二〇年代初頭の数年間、また中国での任務、さらにフォート・ベニングにある歩兵学校の指導者・理事、陸軍作戦部長、参謀次長、等々。彼は一九三九年に参謀長としてマリン・クレイグ将軍の後を継ぐまでに、ほぼ四〇年にわたる軍歴を有していた。

その軍歴と性格を見る限り、マーシャルは文字通りプロの軍人であった。彼は第一次大戦中に最も重要なプロとしての（すなわちハンティントンの言う厳格な軍事的意味においてプロフェッショナルな）教育を受けた。彼は一九一八年には、まだマッカーサーのように肩に星のマークを付け、師団の指揮権を持っていたわけではなかったが、比較的高めの地位に就いてはいた。第一師団の作戦と教練の長という地位から、彼は第一軍の作戦部長へと昇進した。フォレスト・ポーグが書いているように、後者の資格において「彼はオマル・ブラッドリー将軍が一九四四年、フランスにおいて第一二軍団を創設するまで、戦闘時の部隊の配置を計画し監督するにあたって、いかなるアメリカ人士官よりも重要な役割を果たした[14]」。

プロフェッショナリズムという点に関して、ワシントンとマーシャルとを比較することは可能であろう。たとえ奇妙に感じられようとも、ワシントンは若きヴァジニア人士官の頃、実際に自分をプロの軍人と考え、何度もそう語っている。彼は正規の地位に任じられないことにひどく不満を抱いていた。その他の理由もあったとはいえ、彼はフレンチ・インディアン戦争の憂鬱な日々の間、ヴァジニアでの軍務から退くことを真剣に考えていたのである。

マーシャルは一九〇一年にヴァジニア士官学校を卒業した後、確かに正規の将校任命辞令を得たが、しかるべき政治的コネをもつ者でも、それにはかなりの労力を要した。彼もまた、平時の小さな軍隊の中で失望を感じていた。少なくとも一度は、彼はビジネスの世界を志向して除隊を考えた。彼自身に落ち度はなかったが、大尉になるのに一五年、准将に昇進するのに計三四年かかったのである。ワシントンもマーシャルも非常に野心的な人物であったが、また毅然としており、強情でもあった。二人の辞書に挫折という言葉はなかった。ワシントンが革命を指導するのに理想的な人物であったとすれば、マーシャルはほぼ二世紀後、世界規模での軍事行動を指揮するのにふさわしい根気と不屈さとを備えていた。そしてこれら二人の御しがたい軍人は、乗馬と狩猟という古くからのヴァジニア人の気晴らしを楽しみ、息抜きをしていたのである。

プロフェッショナリズムにかかわる第二の比較は、マーシャルにとっての第一次世界大戦の重要性、そしてワシントンにとってのフレンチ・インディアン戦争の重要性にかかわっている。さまざまな形で何千人もの人々を扱う計画に関与したマーシャルは、二〇年後に役立つことになる教訓を詰め込んだ。それに比べてあまりはっきりしないのが、一七五〇年代のワシントンの諸経験と、独立戦争という檜舞台での彼の行動との関係である。しかしながらここで想起すべきは、ワシントンが植民地人として連隊を指揮しただけでなく、フォーブスの戦役において、先遣の師団という大部隊を率いたことであろう。ここで彼はトマス・ゲイジ、エドワード・ブラドック、ウィリアム・シャーリー、ジョン・スタンウィックス、ヘンリー・ブーケ、ジョン・フォーブス、ロバート・モンクトンら、イギリス軍の佐官や将官から、プロとして認められるようになったのである。

こうした経歴と努力の結果、ワシントンもマーシャルも部下の能力を最大限に引き出す方法を学んだ。彼らはもったいぶった言い回しやわざとらしい仕草によってではなく、場合によっては自ら範を示すことによって、そうした方法を会得したのである。マーシャルが常に仕事中毒気味であったことは周知の通りである。ワシントンもまた同様であり、一度も自宅に帰ることなく大陸軍総司令官として務め上げた彼の八年半は、確かにアメリカ軍事史上の記録となるであろう。二人とも、部下が自立的かつ独創的であるように奨励したが、そうした配慮は、必ずしも常にというわけではないが、文民・軍人を問わず最高位の人々によって正しく評価されていた。優秀な若手から地位を脅かされていると感じていた権威の中には、単に口だけで率直さや開放性を唱える者もいたが、ワシントンとマーシャルは、へつらいには耳をかさなかった。彼らは際立って独創的であったり、精神的資質で抜きん出ていたりはしなかったが、知的ではあった。つまり彼らは切磋琢磨することを望み、人に質問をし、また人の言うことをよく聞いたのである。

ワシントンがグリーン、ノックスおよびシュトイベンを頼みにしたのに対し、マーシャルはアーノルド、ブラッドリー、アイゼンハワー、そしてクラークを信頼した。陸軍航空隊長のヘンリー・H・「ハップ」・アーノルド将軍の記憶によれば、最初、参謀長マーシャルは空軍力を十分に評価していなかったが、早々とその有用性を理解し、「見たものを消化する能力」の一部である開かれた精神によって、彼の「軍事的才能」へと組み込んだのである。[15] また、一九三九年にマーシャルが新たに参謀長に任じられた際、そのスタッフとなったオマル・ブラッドリー将軍は、ある印象深い出来事を記憶している。「一週目の最後にマーシャル将軍は私たちを執務室へ呼び、直截に『私はあなた方全員に失望している』と言った。その理由を尋ねると、『あなた方は今週中、私に全く反対しなかったではないか』という返答が返ってきた」。あとでブラッドリーとその同僚が作戦計画について質問すると、マーシャルは「それこそ私が望んでいることだ。一つの事柄についてあらゆる意見を聞いておかないと、自分が正しい決定をしたのかどうか確信が持てない」と満足げに語ったのである。そして北アフリカ上陸前のアイゼンハワーに対しても、マーシャルは「君が私の見方に同意しないときには、遠慮せずに、はっきりそう言ってくれ」と告げた。[16]

このような部下の能力を引き出す方法を、ワシントンはいかにして身につけたのか定かでないが、マーシャルの場合、助言者パーシング将軍の強い影響を受けていたことは十分に考えられる。後年、さまざまな機会にマーシャルは満足げに、異議を受け入れるパーシングの注目すべき能力に言及した。マーシャルが一九三九年にエドウィン・T・コール大佐に述べたように、パーシングは「私がこれまでに知己を得た誰よりも、自分への反論に耳を傾け、個人的感情を表に出さずにいられた。彼は私的な見解にとらわれない、最も寛容な人物であった。彼の強みの大半はそうした性格によっている[17]」。

部下を認め信頼するという、この穏やかで思慮深いワシントンとマーシャルのやり方は、ある種の軍司令官のやり方と先鋭な対照をなした。たとえばレナード・ウッドである。部下を魅了し霊感を与える彼の手法は、キューバへの従軍記者フレデリック・パーマーが如実に記している。ウッドのテントから出てきた若い士官は、「私はたった今世界で最も偉大な男と会った。彼を超えることはできないだろう」と語った[18]。こうした事例は、どちらかが正しくどちらかが間違っているということではなく、むしろ将軍は自分の人格に適した指導方法に頼らなければならないことを示唆していると言えよう。実際にワシントンとマーシャルは、生来激しやすく感情の起伏が激しかったが、自制を修得することにより、こうした性向を抑制していた。ただし例外もあった。二人とも愚か者に対しては安易に容赦しなかった。木の葉を揺り動かすほどに力強く誓いを立てるワシントンの話や、壁からペンキをはがすようなマーシャルの辛辣な口ぶりの話が伝えられている[19]。

しかしながらマーシャルもワシントンも、優れた教師として認められるよう腐心したし、優れた教育なしにはどんな軍隊もプロになりえないことは言うまでもない。ワシントンは正式な意味での教官ではなかったが、陸軍士官学校の創建を力説した。もっともこの第一歩は、ジェファソンの大統領在任期間まで延期されたのだが。マーシャルは多くの学校で教え、時には講演をおこない、歩兵学校で学生と若き教官に良い影響を与えたことにより、とりわけ賞賛されてきた。校長補佐としてそこで過ごした五年間に、彼はブラッドリー、コリンズ、リッジウェイ、スティルウェル、ヴァン・フリートら、第二次大戦で活躍することになる二〇〇名に上る将軍を指導した。早くも一九三七年、彼が年長者の頭越しに軍事的階梯の最上位に到達するよりも前に、「『マーシャルの部下』を自認する士官たちがいる」ことを、ジョン・F・ランディス中佐から聞いたのである。[20]

ワシントンもマーシャルもさまざまなレベルで弟子を指導したが、その弟子たちにとってふさわしい教育科目を見抜く能力があった。そもそもアメリカの軍人は単なる兵士ではなかった。彼らは「アメリカの」兵士であり、自由で開放的な社会の産物であり、そこでは個々の活動や表現の上での束縛は、他の国々に比べて弱かった。それは士官にとって忍耐を要する状況をもたらしたが、他方では利点もあった。そしてマーシャルもワシントンも、アメリカ人が第一級の兵士となる素質を備えていることを認めていた。しかしそれが現実のものとなるためには、関連する諸問題が理解され、さらに士官たちが兵士の福利厚生に気を配っていることを、兵士たちが認知する必要があった。「兵士は士官の行動に概して寛容だが、不公平と無視は例外である」とマーシャルは述べている。「彼らはそのどちらをも素早く見抜く」。マーシャルの研究者は彼のこのような考え方を強調しており、これ以上詳細に述べる必要はなかろう。[21]

かくして教育という視点によって、片や職業的な軍事指導者としての、片や政治的かつ家庭的な心情に溢れた軍事指導者としての、われらが二人の将軍の二面性を統一的に把握することが可能となる。彼らはハンティントンの言う狭い意味においてではないけれども、職業軍人として記憶されるに値しよう。彼らは文民の態度と価値観によって真正のプロフェッショナリズムが妨げられるような事態、すなわちアメリカのいわゆる反軍国主義に悩まされることはなかった。実際そのような事態は、一部の士官が指摘したように、軍が腐敗し、文民の影響を掘り崩さない限りは、現実のものとなることはないであろう。しかし、ワシントンが革命期にある種の文民の言動についてやきもきし、苛立ったのは否定しようがない。彼もまた未熟な民兵が長期間兵籍に編入されないことや、その兵員数の少なさを嘆いた。こうした言説はエモリー・アプトンなど、アメリカ向けに修正されたプロイセン型軍事制度の主張者がしばしば引用したが、実際には敗北の危機に瀕し、緊張に満ちた戦争の最中にワシントンが述べたものなのである。

祖国の平時の軍隊像に関する総司令官ワシントンと参謀長マーシャルの構想は、非常に意義深い。一七八三年の大陸会議への要求では、ワシントンは「平時の常備編成に関する所感」と題する長文の資料を用意した[22]。彼は、予備軍として連邦に組み込まれた州兵制、すなわちアメリカの資源と価値観に照らして現実的だと考えたシステムとともに、小規模ながらも高度に訓練されたプロの軍隊を望んでいることを表明した。このワシントンの構想は、生え抜きの士官にして著述家でもあるジョン・マコーレー・パーマーによって、アプトンよりはるかに優れた最良の国防案とされた。またパーマーの友人たるジョージ・C・マーシャルも、アメリカの諸原理にかなう案だと賞賛したのである。早くも第一次大戦直後、パーマーがこの長らく無視されてきたワシントンの「所感」を「発見」するより前に、パーマーとマーシャル――長年勤務したベテランだが、軍の複雑な昇進方式のために依然として比較的下位に甘んじていた――は、一九二〇年代の大規模な軍隊が国家にとって不健全であると感じていた。

パーマーがワシントンの「所感」に関する書物を一九三〇年に上梓する際、マーシャルは彼を励まし、その原稿を注意深く読んだ。ワシントンはアプトン主義者にとっては否定的な価値しか持たなかったが、今や武装する国民という構想に共感するすべての人々の英雄となり、パーマーは数十年以上にわたり、彼らの最も雄弁な代弁者であり続けたのである。[23]

パーマーが精力的に明らかにしたように、ワシントンの民兵に関する見解について、アプトンの理解は不十分であり、ワシントンはその「所感」において、またその後の大統領在任期間中に主張したように、訓練を受けていない非正規兵（常にというわけではないが、概して独立戦争では士気が上がらなかった）と、連邦に組み込まれて体系的な指導を受けた民兵とを、実際にははっきりと区別したのである。パーマーはまた、ワシントンがよく統制のとれた一八世紀のスイス民兵を褒め称えたことを指摘している。パーマー自身、そのほぼ二〇〇年後のスイス国民軍も同様に、注目に値すると感じていたのである。

パーマーは、国防に関するワシントンの考え――彼の軍事的思想の政治的（ないし「アイク」的）次元――に光を当てた最初の軍事理論家であったが、軍のプロフェッショナリズムへのワシントンの寄与を軽視しがちでもあった。プロフェッショナリズムの考え方も、彼の「所感」および大統領在任期間中に発した文書の中に見られる。ワシントンは砲兵、工兵、そして国立の士官学校で教育を受けた士官などから成る、高度に専門的な軍隊を主張していたのである。

他方でマーシャルは、職業軍人と市民兵との関係について、パーマーよりもバランスのとれた見解を持っていたものの、肥大した職業軍人の権威に関しては、パーマーと同様の関心をいだいていた。彼はアプトン主義者とよりも、友人パーマーと多くの共通項を有していたと言える。興味深いことに、マーシャル自身は一九四五年、参謀長としての彼の最後の報告の中で、初期アメリカのホイッグ主義とジェファソン的共和主義にまで遡る侮蔑的表現を使用している。彼は警告する。「陰謀家の命令に従う大きな常備軍は……あってはならない。市民兵はそのような暴力の悪用に対する保証である」。マーシャルによれば、軍隊の必要性は社会的背景と無関係に決せられるべきではなく、また軍事的必要性の観点のみからアプローチされるべきでもない。ワシントン自身が一七八三年に大規模な常備軍に反対して述べているように、それらが国家に経済的な負担をかけないかどうか、またそれらがアメリカの諸原理と共存可能かどうかが問われねばならないのである[24]。

とはいえ、一七八三年のワシントンの考えも一九四五年のマーシャルの考えも、戦後の国防のための勧告としては必ずしも受け入れられなかった。ワシントンと同様に、マーシャルも幅広い層への軍事教練の必要性を勧告した。問題の微妙さに気づいていたため、ワシントンもマーシャルも、小さなプロの軍隊——そもそも小規模な軍あるいは共和主義的な軍しか存在しえなかったが——での「軍務」の延長を求めるよりも、むしろ軍事「訓練」期間の制限を強調した。マーシャルの報告に熱狂的に応えて、パーマーはマーシャルが「ワシントンの哲学を原子力時代の言語と思想へ翻訳した」と述べている[25]。

一七八三年にも一九四五年にも、平時の教練の義務化を政府が拒否した理由は、複合的要因から説明される。良くも悪くもアメリカ人は、勝ち戦の後の将来の安全について真剣に考えようとしなかった。しかしワシントンとマーシャルの提起した根本的な問題——すなわち市民の国防義務——は、それ自体全く適切な国民的議論の範囲内であった。

一九八〇年代は、アメリカの国防に関わるさらなる議論とともに始まった。それは徴兵に関わる論争や、核の盾の効力に関する論争、そしてより広義には、内政と軍事の優先順位に関する論争などである。先に引用したように、十分に情報を与えられた場合の市民に関するマーシャルの言葉は、まさに至言といえる。要するに、マーシャルは軍事費が非常に高くつくことを確信しており、その問題を専らプロに委ねることに公衆が——またしばしばプロ自身も——不承知であることを何度も示唆している。そのことについて、一九二〇年代以来、アプトン派とパーマー派との深刻な衝突を経験してきた軍内部や、防衛政策の策定にかかわる文民の間で、意見の一致は概して見られなかった。マーシャルもワシントンと同様に、銃後と前線との関係に配慮した。I・B・ホーリー・ジュニアがパーマーについて語ったことは、同様にマーシャルについてもあてはまろう。「国民を動員する際には、その意思をまず動員すべきであることを……彼は理解していた。ヴェトナムでの屈辱的な惨事は、このパーマーの洞察を国家が実現しえなかったことの証左であろう[26]」。

ただしワシントンもマーシャルも、戦争に魅了されていたわけではない。かつては闘いが人々を引き付ける魅力を持っていたとしても、マーシャルによれば、二〇世紀にはもはやそうではなかった。大統領としてのワシントンは、公海と北西部へのイギリスの攻撃に直面しつつも戦いを避けることを決定し、臆病な振る舞いとして責められている。マーシャルはアメリカ歴史協会で講演したとき、戦争という「死の悪弊」を真剣に研究する仕事を学者である聴衆に委ねると述べたが、戦争についての「完全な知識を得ること」は「治療法を見出す前になすべきこと」であった。控え目ではあるが、軍それ自体も陸軍大学校の歴史部門を通じて戦争の研究に寄与したといえるかもしれない。しかしマーシャルは、一九二〇年代のパーシング将軍の見解とは異なり、第一次大戦時のアメリカの軍事行動の問題点を指摘した歴史家たちを、この歴史部門が批判すべきだとは考えなかった。歴史部門の長オリヴァー・L・スポルディング大佐は、「事実関係の正確さに関して」アメリカの歴史教科書を軍人に見直させるよう、関係省庁に軍務局長が書面で申し入れることを提案した。これに対して多くの教育関係者が「軍事路線に沿った公論を形成する」試みとしてこのキャンペーンを見なすだろうと、マーシャルはパーシングに忠告し、さらに、「本の著者と出版社は陸軍省による修正要求に激怒するだろう」と述べた。幸運にも、マーシャルの賢明な忠告は広く受け入れられたのである[27]。

アメリカの歴史と文化に関する彼らの深い理解を考えれば、ワシントンとマーシャルは明らかに、T・ハリー・ウィリアムズの言う「アイク」型軍事指導者の例として挙げられよう。にもかかわらず、ウィリアムズはなぜ彼らを無視したのだろうか。ただ推測するしかないが、おそらくウィリアムズの抱く「アイク」型のイメージから、彼らは若干外れていたのではないだろうか。しかし市民兵から成る有事の軍隊を指揮し、文民のリーダーシップを認め、さらにそのリーダーたちとうまくやっていくためには、指揮官は親しみやすい性格でなければならないのだろうか。ワシントンとマーシャルの経歴を見れば、その質問の答えは「否」であろう。知恵と誠実さに恵まれさえすれば、少々控え目な方が大きな尊敬を集めることもあろう。実際二人は、その天性の慎み深さを活用して成果を上げ続けたと言える。「親しき仲にも礼儀あり」との諺があるが、「慎みが侮蔑を生む」ことはないのである。

「マック」型の将軍もアメリカの憲法を遵守していることに違いはないので、ワシントンとマーシャルのような「アイク」型の将軍が文民の優位を信奉していると言うだけでは、説明として不十分であろう。しかしウィリアムズが指摘しているように、「マック」型にまつわる次のような話から、「マック」型のもとでは民軍関係が必ずしも平穏ではなかったことが分かるのである。たとえばマクレランはジョミニを信奉していたが、そのジョミニは戦争開始後は文民の権威が一歩退き、軍人に支障なく戦闘をおこなわせるべきだと論じており、これはリンカーン大統領が否定した見解であった。またトルーマンは、一九五一年にマッカーサーを極東での地位から解任し、マッカーサーが表明した有事の民軍関係の解釈を受け入れなかった。マッカーサーは述べている。「戦域の司令官は……自身の軍を指揮する職務だけに限定されない。彼は政治、経済そして軍事面にわたる全領域に対して命令する。政治が後景に退き軍事が優勢になる段階では、あなた方は軍隊を信用しなければならない……もし戦闘を制約するならば、政治の名の下に自身の部下に不利な条件を負わせることになるのであり、非難は免れないであろう」[28]。

それならば、文民統制に関して、「マック」型と「アイク」型の違いはどこにあるのだろうか。「アイク」型は「マック」型と同様に文民統制を信奉していただけでなく、その上さらにそれをあらゆる局面において理解していたという点が、両者の違いであろう。文民統制とはすなわち、中央政府が銃後の要求や政治的考慮や国際的要因のために、軍事的要請に基づく軍隊からのすべての要求に必ずしも第一の優位性を与えない、ということである。独立戦争の間、しばしばワシントンは不満を抱いていた士官や部下に、この文民統制の正当性を説明することに努めた。さらにマーシャルも、民主主義国は準備不足のまま戦争に突入せざるをえず、戦いをあまり効率的には遂行しえない、と第二次大戦中に述べている。軍人にとって「非常に重要なことは、民主的な手続きや対応についての理解と寛容だ」と彼は後に付け加えた。ワシントンは独立戦争時、ニューヨーク市の奪回や、愛国派の首都フィラデルフィアの防衛を政治家から指示されたのであり、第二次大戦中には政治家が銃後に配慮して毎年幾度かの大攻勢を主張したことを、マーシャルは陸軍学校でさまざまな人々に語っている[29]。

このようにワシントンとマーシャルは、自由な社会での戦争のあり方に適切に対処したために賞賛された。アメリカ国民は軍人や軍事制度については常に曖昧な態度をとり続けたが、ことこの二人に関する限りは、異常なほどに賞賛を惜しまなかった。ワシントンが賛美され、神格化されていくことに、ジョン・アダムズやそのいとこのサミュエル・アダムズは当惑を禁じえなかったほどである。他方でローズヴェルトとトルーマンの両大統領は、マーシャルを不可欠の人物だと語っている。

われらが二人の軍司令官は決して自己中心的な人物ではなかったけれども、自分が誤りだと判断した助言や政策にはためらわずに反論した。マーシャルは一九三九年に軍隊の序列の頂点に上りつめた際、自分は率直に意見を述べるとローズヴェルトに向かって宣言しさえした。この点が、つまり政府の決定と軍人の意見とが時には齟齬をきたすというあり方こそが、保持されるに値するアメリカの軍事的伝統であろう。忠実であることは、必ずしも沈黙することではない。重要なのは忠実さのあり方である。というのも、勢力の弱い側の路線が時に正しいかもしれないからである。行政上・立法上の摩擦を生じさせたり、政治的・制度的な体系を侵食したりしないよう配慮した上で、明白に誤り、あるいは修正の必要があると思われる政策について軍人が意見を言うことは、許されるどころか望ましいことですらあろう。もっとも、後のトルーマンとマッカーサーの論争において、特定の状況下で広く軍事に関わる案件について、賛成であれ反対であれ「トップの軍人」が自身の見解を語ることがどの程度禁じられたのかについては議論の余地がある。一例を挙げると、ヴェトナム戦争時のアメリカ軍司令官ウィリアム・C・ウェストモーランド将軍が後に回想しているように、リンドン・B・ジョンソン大統領はテレビ中継される記者会見の直前に、「あなたが私にマッカーサーのような者を押し付けないよう願っている」と彼に述べたという[30]。

確かに、とりわけ将軍ないし提督に配慮が欠けている場合には、越権だとの批判や意見の不一致に巻き込まれる危険性が高いと言える。そうした人物はたとえば首都ワシントンの行政府や国民、またその双方ともめることになっただろう。こうした問題はしばしばトップの軍人たちを悩ませた。たとえば第一次大戦にアメリカが参戦する以前の参謀長レナード・ウッド将軍、一九二〇年代に空軍に関して熱心に啓発活動をおこなったビリー・ミッチェル将軍、一九五〇年代のアイゼンハワー政権下で核兵器賛美を責められた統合参謀本部議長アーサー・W

・ラドフォード提督、そして東南アジア爆撃についてのコメントで行政府を当惑させた空軍のカーティス・E・ルメイ（レメイ）将軍等が、このような問題を体現していると言える[31]。

歴史上アメリカの軍人は文民からの批判にかなり敏感であり、ワシントンとマーシャルは決して例外ではなかったと言える。しかし少なくとも彼ら二人は、そうした批判をアメリカの自由がもたらす必然的な結果であると哲学的な思索すらめぐらしており、彼らに深く敬意を抱くオマル・N・ブラッドリー将軍もまた同様であった。第二次大戦時の司令官にして後の統合参謀本部議長たる彼は次のように記している。「軍人が軍隊を指揮する場合……その指揮の仕方を批判する人々を容認する心構えを持っていなければならない。民主的な国家においては、軍人は給料をもらって教練を受け、軍務をおこなっているのであるから、公の非難にさらされない軍事的英雄など存在しえない[32]」。

しかし、ワシントンとマーシャルが経験したことのない類の非難も確かに存在する。ヴェトナム戦争のように極端に物議を醸した戦争での敗者としての経験は、彼らにはなかった。この悲劇的な戦争において何人かの軍事指導者は、当否はともあれ、厳しい批判にさらされた。かかる指導者の一人がウェストモーランド将軍である。彼はCBSを提訴したが、それは軍のトップレベルでヴェトナムに関する情報を改ざんし制限しようとする陰謀が存在した可能性について、同社がテレビ報道で指摘したためであった。すなわちドリュー・ミドルトンが東南アジアからの米軍撤退のおよそ一〇年後、士官たちにインタビューをおこない、一九六〇年代に自由な行動が許されなかったことについて、当時上位の地位に就いていた多くの士官が不満を抱いている、と結論付けたのである。彼ら士官たちは、ケネディ、ジョンソン、ニクソン等の大統領を始めとする「文民の指導者が、軍の現実について無理解であったこと」を指摘しており、それによりいまだ苦悩していた。ある士官がミドルトンに打ち明けたように、文民は「状況を理解する」ための「軍事的な予備知識」を持っていない。ウェストモーランドは、軍隊がその結果ゆえにスケープゴートにされたとは考えていなかったし、同様に『ソルジャー・レポート』における辛口の評価にも不平を言わなかったが、それにもかかわらずミドルトンが見出したような士官たちの心情に共感していたように思われる。彼は言う。「軍隊全体をコントロールするのはプロの軍人の仕事である。しかし軍事について理解していない文民によって、専門的な事柄までしばしば制約を課され、拘束されることがある」[33]。

このウェストモーランドのように、文民統制が非常によく機能していたことを認めるとしても、彼の理解とは異なる説明もありうる。わが国の首都であれサイゴンであれ、制服組の司令部が文民統制に伴う責任を誤解していたこともまた批判の対象となりうるのである。南ヴェトナムに真の独立国家を維持（あるいは建設）するというアメリカ政府の目的は、文民が軍に拘束を課すやり方では実現されえない、と軍首脳部は文民のお偉方に遠慮なく進言すべき――批判者たちの見方によれば――であった。通常我々は上位の軍人であれ文民に低姿勢をとるべきだと考えるが、統合参謀本部はいわばそれをやりすぎた。行政官からの強い要望によって、自身としては反対であった計画や拒否すべきであった計画を、彼らは支持したというのである。本来ならば将軍や提督の幾人かは、自己の信念から職を辞すべきであった（そしてその辞任の結果、誠実で包括的な政策上の批判が出てくるように仕向けるべきであった）かもしれないが、「忠誠心」ゆえにそうしなかった。さらには、エリート軍人たちが実際には声高に批判をしたがらなかったという説もある。彼らは後に言われたほど、不満をためこんでいたとは思われないからである。彼らはただ、国家を宣戦布告なき戦争へと突入させた文民指導者たちに、その政策のもたらした結果を思い知らせたかったにすぎない。このように軍司令官たちは、国家意志や国家の優位性に関してクラウゼヴィッツが提起した大きな問題を、無視したり軽視したりしがちであった。ポール・M・カッテンバーグの厳しい指摘に従えば、彼らは「戦争の技術的側面にとらわれすぎて、政・軍上の責任」を放棄したのである。[34]

このようにヴェトナム戦争時の軍司令部の欠点については異なる見解が見られるものの、最も無難な見方は、建設的にして忠実な異議申し立てというワシントン・マーシャル流の軍のあり方が、ケネディ・ジョンソン・ニクソン期にはきちんと実践されていなかった、ということである。もっとも、たとえ実践されていたとしても、その証拠は我々が納得できるような形では公表されなかっただろう。ともあれ、ワシントン・マーシャル流の誠実な態度は、現役の、また引退した軍事指導者たちによって一九八〇年代初頭に蘇った。たとえばデイヴィッド・ジョーンズ、ジョン・A・ウィッカム・ジュニア、そしてエドワード・C・メイヤーといった諸将は、皆少なくとも一度は統合参謀本部のメンバーに任じられたことがあり、世界中のどこでもアメリカが軍事的に介入する際には、彼らが不可欠と考えた政治的・戦略的な要因や状況について公式に声明を出している。

ただ率直に言って、アメリカ軍は少なくとも首脳部のレベルでは、十年ほど前に比べて一九八〇年代には、他者の批判に敏感でないように見受けられる。そしてそれにはしかるべき理由があった。ここ二世紀以上、アメリカ軍は政府の他の部門ほどには悪評を蒙らなかったのである。ヴェトナム戦争中は例外としても、とりわけそれ以後は一層、軍への酷評は少なくなった。大統領よりも、議会よりも、最高裁よりも少ないのである。たとえばワシントンは、将軍としてより大統領としてはるかに多くの批判を受けたし、テイラー、グラント、アイゼンハワーもそうであった。マーシャルに至っては、トルーマン政権下でいくつかの高位ポストで文民として活躍したことにより、極右勢力から最悪の類の悪評――反逆者という中傷や非難――を受けたのである。[35]

アメリカの軍人はいかなる状況に直面したとしても、文民とともに適度に多様な経験を積んでいたならば、文民からの批判をよく理解し、それに応えうるであろう。そのためにはアメリカの軍事的伝統の政治的（ないし「アイク」的）要素とプロフェッショナルな要素の最良のものを統合しなければならない。ワシントンとマーシャルはその軍歴から、これら二つの要素の結合が可能であり、かつ望ましいことを示している。ハンティントンの言う狭義のプロフェッショナリズムという概念は、『軍人と国家』が出版され、軍の内外で高い評価を得た一九五〇年代に比べて、八〇年代には人々に訴えかける力を失っているように思われる。

多くの士官はかつて最高度のプロフェッショナリズムを育てるため、ある種の物理的かつ知的な孤立状況を要求されたが、そのようなやり方では豊かな経験を身に付けることはできない。シャーマンの時代ですら、彼自らが士官を州兵と共に働かせたり、訓練キャンプへ派遣したりしたのである。彼は労働争議を抑えるために、「軍人の使命の下に」軍隊を用いること――金ぴか時代には常態であったが――を主張し、またカナダと西インド諸島への勢力拡張について悪名高い言葉（「私たちはこれ以上は領土を欲しない」）を語った。一八九四年から一九〇三年まで司令官の任にあったネルソン・A・マイルズも、文民の領域に軍の影響力を及ぼそうとした。彼は公立や私立の大学において軍事学を教えるため、士官を赴任させることに特に熱心だった。マイルズはアメリカ的価値観に強い関心を抱いており、それは彼の軍事思想に影響を与えたのである。彼は一八九八年にスペインに対する「政治的戦争」をウィリアム・マッキンリー大統領が始めたことについて、私的な場で意見を述べている。アメリカ帝国主義を独立革命の原理への冒瀆と考えた彼は、引退する際に第二次キューバ干渉を酷評した。それは道徳上の理由のみならず、「世界の警察」となることはアメリカにとって「偉大すぎる仕事」であるとの理由にも基づいていた[36]。

士官は階級が上がれば、いずれいやおうなく広範囲の事柄に関わらざるをえなくなるため、市民社会との交流はなるべく早急に始める必要があろう。彼らは軍事戦略と国家政策とが交差する領域に関わっており、自然資源、科学の発展、世論、内政等の要因をも考慮すべきことから、交流の必要性は非常に大きい。ワシントンはマーシャルが強調したこの点をすでに先取りしており、同じことを繰り返し示唆している。そしてマーシャルの場合、第二次大戦中の統合参謀本部について、「私たちが中身のある議論をしたいなら」、他の「いかなる主題にも」まして政治的な「事柄に多くの時間」を割くことが必要だ、と述べている。ディーン・アチソンも同意見である。彼によれば、マーシャルが「軍事問題について考える」とき、「軍事的要因が全体の中で中心的な役割を果たすことはなかった」[37]。

またワシントンは辺境の若き士官だったとき、都市民と農民、民兵と志願兵、そしてヴァジニアの行政府と立法府の政治家に、それぞれきちんと対応せねばならなかった。始めはヴァジニアの代議会、後には大陸会議において議員として彼が務めるはるか以前から、そのような状況に直面していたのである。

マーシャルも文民の態度や価値観をよく理解していたが、それは一九三〇年代に限らず、彼が頻繁に州兵に接して教育を施していたためであろう。彼はつとに州兵の扱いに慣れていると見なされていたが、彼自身も、州兵とは慣習的な礼儀以上に親しく接しなければならないと考えていた。一九〇八年、陸軍省が州兵へのコントロールをより強化するために民兵局を設立したとき、フランクリン・ベル将軍は局長補佐にマーシャルを任命しようとして果たせなかったが、にもかかわらずその事実は二八歳の中尉にとっては名誉なことであった。

言うまでもなく、文民の領域に関わりすぎる士官もいれば、民軍関係の領域に依然として足を踏み込まない士官もいる。おそらくそれは個々の士官の性格にもよるのであろう。そして経験のみが将来の成功を保証するわけではないが、それが役立つことは確かである。士官が軍歴の最初の段階で良い経験に恵まれ、マーシャルのようにその経験に基づいて人格形成の機会を持てるならば、それはとりわけ有益であろう。そのマーシャルは参謀長パーシングに同行して議会を傍聴し、予備役士官訓練部隊の会議への参加を通じて学識世界と関わり、市民や実業界のクラブ・組織と語り合う機会を持ち、一九三〇年代にはニューディールの市民保全部隊（ＣＣＣ）とともに働くことによって、文民の領域に関してさらに洞察を深めた。一方このような活動に理解のない士官たちは、軍事的プロフェッショナリズムからの逸脱として軽蔑したのである。

しかしマーシャルはその時、自らの活動が計り知れない価値を持つことに気づいていた。一九三八年に彼は、「イリノイ州兵と過ごした」三年間の仕事は、「これまでで最も有益で貴重な軍事的経験の一つであった」と述べている。マーシャル自身の評価から判断して、ＣＣＣ計画の実現など、いくつかの仕事も同様に役立ったと言えよう。それらは「私の軍歴の中で最も興味深い問題」であった、と彼はパーシングに一九三三年に語っている。五年後も彼の意見は変わらなかった。「私はＣＣＣが、今までの中で最も有益で、最も興味深い仕事であると思う」とジョージ・グルナート将軍に述べている[38]。

マーシャルは何を学んだのだろうか。州兵やＣＣＣと過ごした歳月から、彼は大規模に文民を動員し、組織し、管理運営するノウハウを習得した。のちに彼は、第二次大戦中に参謀長として百万人規模の兵を徴募する任を委ねられたが、それにはこのノウハウが大いに役立ったのである。さしあたり徴募兵が体勢を整えるまで、アメリカを災厄から守る軍事力は州兵であろう。マーシャルはアメリカが第一次大戦時のように、数ヶ月間かけて準備を整えた上で本格的に参戦するという贅沢は、もはや許されないだろうと確信していた。「我々が次に戦争に巻き込まれるときにはすぐに、すなわち数週間以内に何とか闘う用意をしなければならない」と彼は一九三九年三月に述べている。「それはすなわち、我々がまず州兵を動員せねばならない、ということである。なぜなら最初の六ヶ月間、州兵は部隊の大部分を成すであろうから」。にもかかわらず、もっぱらアメリカ軍に多大な教練を施すということは、戦闘用意の整った職業軍人をまず戦いに赴かせることを前提としている、とマーシャルは不平を吐露している。フォート・リーヴェンワースでも、彼は教官たちが木を見て森を見ないと語っている[39]。

彼は州兵の能力を上達させることが不可欠であると確信していた。彼の言う州兵への教練とは、戦闘が勃発したときに配慮せねばならないことを、小規模な平時の軍隊に実践を通して気づかせるというものであった。それはまたアメリカの防衛を担い、（マーシャルが来ると予見していた）将来の戦争を最終的に戦うことになる、市民軍の中核となるはずであった。市民軍はかつてのあらゆる戦闘において、国家の軍事の屋台骨だったからである。

つまるところ、文民と軍とのギャップを効果的に橋渡しすることにおいて、ワシントンとマーシャルに匹敵する軍人は存在しない。ウィリアムズとハンティントンの理論に依拠して言うならば、ワシントンとマーシャルは、アメリカの軍事的伝統のプロフェッショナルな要素と政治的（「アイク的」）要素の最高のものを合わせ持っていた。『タイム』誌は、マーシャルについてこう評している。「将軍の制服を着てはいるが、彼はこの民主社会における文民の本質について理解していた」。ポーグはマーシャルが「他の職業軍人とは異なる形で、文民の視点に精通していた」と述べている。また、ある幕僚は「マーシャルは軍の士官が……概して持っていない……文民の感覚を身につけていた。彼は文民になじむ必要はなかった。というのも文民は自然に彼の環境の一部であったからだ……彼は文民と軍とを車の両輪と見なしていたと思う」と語った。ワシントンはそれを一層適切に表現している。「議会も軍も、共通の大義、共通の利害に身を投じ、同じ原理に基づいて同じ目的のために行動する同じ国民であると、我々は皆考えるべきなのである[40]」と。

註・序

（1） Daniel R. Hundley, *Social Relations in Our Southern States* (New York, 1860), 49-50.

（2） Willard Thorp, *A Southern Reader* (New York, 1955), 287-88. 南部の軍事的伝統の諸相を扱った研究としては、John Hope Franklin, *The Militant South, 1800-1861* (New York, 1956); Marcus Cunliffe, *Soldiers and Civilians: The Martial Spirit in America, 1775-1865* (New York, 1968), chap. 10; Bertram Wyatt-Brown, *Southern Honor: Ethics and Behavior in the Old South* (New York, 1982); Grady McWhinney and Perry D. Jamieson, *Attack and Die: Civil War Military Tactics and the Southern Heritage* (University, Ala., 1982) などもあげられる。

（3） George W. Corner, ed., *Autobiography of Benjamin Rush* (Philadelphia, 1948), 112-13.

（4） W. W. Abbot et al., eds., *Papers of George Washington: Colonial Series*, 4 vols. to date (Charlottesville, 1983-), 4:90 (hereafter cited as *Papers of Washington*).

（5） A. B. Hart, ed., *Commonwealth History of Massachusetts*, 5 vols. (New York, 1927-1930), 2:461 より引用。

（6） John Adams to Nathanael Greene, August 4, 1776, *Papers of Nathanael Greene*, ed. Richard K. Showman et al., 3 vols. to date (Chapel Hill, 1976-), 1:273.

（7） Charles Royster, *A Revolutionary People at War: The Continental Army and the American Character, 1775-1783* (Chapel Hill, 1979), chap. 1.

註・第1章

（1） Douglas S. Freeman, *George Washington: A Biography*, 7 vols. (New York, 1948-1957), 3:292. フリーマンの死後、最終巻を書き上げたのは、協力者のジョン・A・キャロルとメアリー・W・アッシュワースである。

（2） *Papers of Washington*, 1:336; "The Journal of Captain Robert Cholmley's Batman," in *Braddock's Defeat*, ed. Charles

Hamilton, (Norman, Okla., 1959), 29. ワシントンはこのブラドックの悲劇について、メアリー・ボール・ワシントン、ロバート・ディンウィディ、ジョン・オーガスティン・ワシントンの三名それぞれに宛てた手紙の中で触れている（三通の手紙の日付はいずれも一七五五年七月一八日）。*Papers of Washington*, 1:336-45. ワシントンの後の回想については、"Biographical Memoranda," October 1783, in *Writings of George Washington*..., ed. John C. Fitzpatrick, 39 vols. (Washington D.C., 1931-1944), 29:42-45 (hereafter cited as *Writings of Washington*).

（3） *Papers of Washington*, 1:336, 339. チョムリー大尉の従者の証言も、植民地軍に対するワシントンの評価を裏付けているように見える。彼曰く、「森の中で戦ったアメリカの兵隊は二〇〇名くらいだと思いますが、彼らは最も効果的な戦い方をしていました」。"Journal of Captain Robert Cholmley's Batman," *Braddock's Defeat*, ed. Hamilton, 29. ヴァジニア人を絶賛する声は、Joseph Ball to Washington, September 5, 1755, *Papers of Washington*, 2:15 にも見える。

（4） John Bolling to Robert Bolling, August 13, 1755, quoted in *Papers of Washington*, 2 n. 1. 「勇敢な我らが赤服」については、John Martin to Washington, August 30, 1755, ibid., 11 を参照。

（5） Thomas Nairne, "A Letter from a Swiss Gentleman to his Friend in Bern," *North Carolina University Magazine* 4 (1855), 297.

（6） *Boston Gazette*, September 19, 1755; *Boston Weekly News-Letter*, August 21, 1755; Charles Chauncy, *A Letter to a Friend, Giving a Concise, but Just Account...Of the Ohio-Defeat* (Boston, 1755), 7-8.

（7） Douglas E. Leach, *Arms for Empire: A Military History of the British Colonies in North America, 1607-1763* (New York, 1973), 507.

（8） *Boston Evening Post*, December 6, 1773. イギリスに滞在していたフランクリンは、一七七五年二月の『パブリック・アドヴァタイザー』紙に書簡を寄せ、ブラドック指揮下の戦役においては植民地軍の兵士が「イギリス正規軍の後退を支え、全滅を免れた」ことを想起するよう、読者に促している (Verner W. Crane, ed., *Benjamin Franklin's Letters to the Press, 1758-1775* [Chapel Hill, 1950], 279-82)。

（9） John E. Ferling, *A Wilderness of Miseries: War and Warriors in Early America* (Westport, Conn., 1980), 16 より引用。ワシントンの上司たるロバート・ディンウィディ総督も、この意見には同意せざるをえなかったであろう。彼が

通商拓植院に宛てた書簡には、次のような文言が見える。「総督として赴任して来てほどなく、私は当地の民兵がひどい状態にあることがわかりました」(February 24, 1756, *The Official Records of Robert Dinwiddie…1752-1758*, ed. R. A. Brock, 2 vols. [Richmond, 1883-1884], 1:344)。十数年前、本国からの訪問者の一人は、ヴァジニアの民兵について次のように述べている。「ああ！召集された民兵たちを見ていると、懸章をまとうことに嫌悪を感じ、剣を手にすることに自嘲を覚えたくなるほどだ。武器や服装はバラバラ、体格は小柄で、士官にも兵卒にも規律というものがまったくない。これではかつてドライデンが描いた情景と変わらないほどのひどさだ。……洗練されていない民兵たちの群れは、実戦経験とてなく、……武器らしきものの具合をちょっとだけ試すと、さっそく飲みに行くというのがその日の仕事なのだ」(“Observations in Several Voyages and Travels in America,” reprinted from the *London Magazine* for July 1744, *William and Mary Quarterly*, 1st series, 15 [1907], 147-48)。

(10) カルタヘナ戦役の際になされた植民地軍の召集については、H. C. McBarron et al., “The American Regiment, 1740-1746,” *Military Collector and Historian* 21 (1969), 84-86. ブラドックと共に戦ったヴァジニアの中隊については、Dinwiddie to Thomas Robinson, March 17, 1755, *Dinwiddie Papers*, ed. Brock, 1:525; Franklin T. Nichols, “The Organization of Braddock's Army,” *William and Mary Quarterly*, 3d series, 4 (1947), 130-33 を参照。

(11) “Commission,” August 14, 1755, *Papers of Washington* 2:3-4.

(12) ワシントンの軍事への情熱については *Papers of Washington* 1:226, 278, 243、ローレンス・ワシントンについては Freeman, *Washington* 1:77 を参照。ダグラス・リーチが指摘しているように、「アメリカ植民地では、ほどなくしてカルタヘナは伝説となった。その地に赴いて帰還した者は英雄として崇められた」(*Arms for Empire*, 218)。ジェイムズ砦に関するワシントンの記述については、Donald Jackson and Dorothy Twohig, eds., *The Diaries of George Washington*, 6 vols. (Charlottesville, 1976-1979), 1:36, 75; Freeman, *Washington* 1:250-51. ワシントンの友人で師でもあるウィリアム・フェアファックスは、ワシントンが軍事関係の著作に通じていることは、指揮官としての重責に耐える際のよすがとなるであろうと、後に述べている (Fairfax to Washington, May 13-14, 1756, *Papers of Washington* 3:125)。

(13) Ibid., 1:348 n. 7; *Writings of Washington* 29:45. この戦役でのブラドックに関するワシントンの見解は、

Washington to John Augustine Washington, May 6, 1755; Washington to William Fairfax, June 7, 1755, *Papers of Washington* 1:266-67, 298-300. また、Freeman, *Washington* 2:204 はワシントンのフェンシングについて触れている。

(14) "Orders," January 8, 1756, *Papers of Washington* 2:257.

(15) Ibid.

(16) "Orders," October 26, 1755, *Papers of Washington* 2:136.

(17) "General Instructions to all the Captains of Companies," July 29, 1757, *Papers of Washington* 4:341-45. ブラドックとの違いについて、ワシントンは次のように述べている。「将軍は、住民の度重なる契約不履行に堪忍袋の緒が切れてしまい、さらにたとえそのような場合でも、思慮分別のある者ならば当然備えているべき思慮と節度を欠いていたので、彼が本国で我々のことを見当違いな風に語るのではないかと私は恐れています。本来ならば彼は当該の個々人を避難すべきであるにもかかわらず、すべての失望の原因を住民一般の怠惰のせいにして、わが郷土に名誉と正直の感覚がないかのごとく見下しているのです。この点について我々はしばしば話し合いの機会を持ち、その場では双方とも——特に彼の側で——友好的な雰囲気を崩すことは決してありませんが、彼は説得されようとせず、主張を取り下げようともしません。まるで理性の声に逆らっているかのごとくです」(Washington to William Fairfax, June 7, 1755, *Papers of Washington* 1:298-99)。イギリス軍が宿舎の確保や徴発、徴収において困難に直面していた点については、Alan Rogers, *Empire and Liberty: American Resistance to British Authority, 1755-1763* (Berkeley, 1974), chaps. 4, 5, 7 が詳しい。

(18) Stanley M. Pargellis, "Braddock's Defeat," *American Historical Review* 41 (1936), 253-69; Lee McCardell, *Ill-Starred General: Braddock of the Coldstream Guards* (Pittsburgh, 1958), chap. 12, especially p. 229; Paul E. Kopperman, *Braddock at the Monongahela* (Pittsburgh, 1977), 13-14, 16-17; John Shy, *Toward Lexington: The Role of the British Army in the Coming of the American Revolution* (Princeton, 1965), 127; Lawrence H. Gipson, *The British Empire before the American Revolution*, 15 vols. (Caldwell, Idaho and New York, 1936-1970), 6:86, 94. イギリス軍がヨーロッパやアメリカの環境に柔軟に対応していた点については、Peter E. Russell, "Redcoats in the Wilderness: British Officers and Irregular Warfare in Europe and America, 1740-1760," *William and Mary Quarterly*, 3d Series, 34 (1978), 629-52. 西洋世

界の軍事的発展の文脈において、初期アメリカの軍事を正確に捉えた研究として、Peter Paret, "Colonial Experience and European Military Reform at the End of the Eighteenth Century," *Bulletin of the Institute of Historical Research* 37 (1964), 49-56; "The Relationship between the Revolutionary War and European Military Thought and Practice in the Second Half of the Eighteenth Century," in *Reconsiderations on the Revolutionary War*, ed. Don Higginbotham (Westport, Conn., 1978), 144-57が挙げられる。

(19) *Papers of Washington* 2:257, 23, 4:344; J. A. Houlding, *Fit for Service: The Training of the British Army, 1715-1795* (Oxford, 1981), 195-99 passim.

(20) *Papers of Washington* 4:344, 343, 2:76, 124, 135.

(21) "Biographical Memoranda," October 1783, *Writings of Washington* 29:37; Washington to Dinwiddie, April 16, 1756, Stephen to Washington, March 29, 1756, *Papers of Washington* 3:1-2, 2:325.

(22) William H. Browne, ed., *Correspondence of Governor Horatio Sharpe*, 3 vols. (Baltimore, 1888-1895), 1:416.

(23) Washington to Dinwiddie, March 10, 1757, Memorial to Lord Loudoun, March 23, 1757, *Papers of Washington* 4:112-14, 120-21.

(24) Freeman, *Washington* 2:407-8; William Henry Fairfax to Washington, December 9, 1757, *Letters to Washington*, ed. Stanislaus M. Hamilton, 5 vols. (Boston and New York, 1892-1902), 2: 252-54; William Fairfax to Washington, July 17, 1757, *Papers of Washington* 4:309-10, 310-11 n. 3.

(25) Freeman, *Washington* 2:204; Washington to Robinson, August 5, 1756, Washington to Dinwiddie, October 11, 1755, *Papers of Washington* 3:330, 2:102.

(26) *Dinwiddie Papers* 2:425, 345, 346. ワシントンの軍隊における兵力の変動、およびフロンティア防衛拠点の縮小については Bernhard Knollenberg, *George Washington: The Virginia Period, 1732-1775* (Durham, N.C., 1964), chaps. 7, 9. とりわけ統計情報の宝庫たる当該の註を参照。また、"Return of the Virginia Regiment," October 9, 1756, January 1, 1757, *Papers of Washington* 3:428-29, 4:76-77も参照。

(27) "Memorandum respecting the Militia," May 9, 10, 1756, *Papers of Washington* 3:106, 111. カルペッパー郡からのち

にやって来た民兵については、次のように述べている。「召集された百名のうち、七〇名余りが馳せ参じ、内、十分に装備を整えて来た者はわずか二五名に過ぎなかった」(Washington to Dinwiddie, May 27, 1757, ibid., 4:264)。ディンウィディによれば、「民兵で武装している者は半数もなく、バラバラな口径の小さな銃ゆえ、実際の戦闘場面では不便この上ない」(To the Board of Trade, February 24, 1756, *Dinwiddie Papers* 2:344)。

(28) *Papers of Washington* 3:432, 4:1-2, 12-13, 1:289; Freeman, *Washington* 2:216, 257-58; *Dinwiddie Papers* 1:387.

(29) *Papers of Washington* 1:192 n. 3, 2:172, 174 n. 6, 3:66, 145-46; Freeman, *Washington* 2:189.

(30) "Memorandum respecting the Militia," May 8, 1756, *Papers of Washington* 3:99.

(31) Washington to Dinwiddie, November 9, 1756, ibid., 4:2. また、Washington to Robinson, November 9, 1756, ibid., 11-13を参照。

(32) W. W. Hening, ed., *The Statutes at Large: Being a Collection of All the Laws of Virginia from the First Session of the Legislature in the Year 1619*, 13 vols. (New York, Philadelphia, and Richmond, 1819-1823), 7:70-71; *Papers of Washington* 1:73. ヴァジニアの民兵関連の法律は毎年一回ないし二回の変更がなされたため、一般化して論じることは難しい。フレンチ・インディアン戦争当初に施行されていた関連の法律については Freeman, *Washington* 1:30 n. 21、および Shy, *A People Numerous and Armed*, 30を参照。Richard L. Morton, *Colonial Virginia*, 2 vols. (Chapel Hill, 1960), vol. 2, chaps. 20-23にも、多くの民法関連の法律が紹介されている。

(33) Washington to Loudoun, January 10, 1757, *Papers of Washington* 4:79-80; Ann Maury, ed. and trans., *Memoirs of a Hugenot Family: Translated and Compiled from the Original Autobiography of the Reverend James Maury* (New York, 1833; reprinted Baltimore, 1967), 404. この段落の記述は、私がこの章の最初の草稿を書き上げてから初めて知った重要な新研究に基づいている。すなわち James W. Titus, "Soldiers When They Chose to be So: Virginians at War, 1754-1763" (Ph.D. diss., Rutgers University, 1983) であり、特に第一章は有益である。タイタスの指摘によれば、選挙権を持たない者や貧困者を兵士として用いることは、植民地のエリートと「中間層」の人々との調和的な関係を維持するという観点から、非常に魅力的な政策であった。そもそも、ヨーマンプランターの民兵を大量動員するという、大きな反発を招きかねない策を実行に移すには、植民地政府の警察力は貧弱に過ぎた (Ibid., 111, 147-

51)。

（34） Washington to Stanwix, April 10, 1758, Washington to Gage, April 12, 1758, *Writings of Washington* 2:173, 177.

（35） Forbes to Pitt, September 6, 1758, *Writings of General John Forbes*, ed. A. P. James (Menasha, Wis., 1938), 205; Washington to Forbes, October 8, 1758, *Writings of Washington* 2:295-98.

（36） Freeman, *Washington* 2:313.

（37） "The Humble Address of the Officers of the Virginia Regiment," *Letters to Washington* 3:143-46. 士官たちのワシントンへの思いは、*Theodorick Bland Papers*, 2 vols. (Richmond, 1840), 1:10にも述べられている。また、ワシントンへ宛てた手紙類、とりわけアダム・スティーヴン、ヒュー・マーサー、ロバート・スチュワートらの書簡（*Letters to Washington* and *Papers of Washington*）、さらにFreeman, *Washington* 2:369-71も参照。

（38） Stewart to Washington, January 25, 1769, *Letters to Washington* 3:335. 士官の経験不足についてのディンウィディの嘆きはDinwiddie Papers 1:94、ヴァジニア連隊に対するフォーブスや彼の部下たちの態度は、Washington to Fauquier, September 25, 1758, *Writings of Washington* 2:290-91; Washington to George William Fairfax, September 25, 1758, "George Washington and the Fairfax Family: Some New Documents," ed. Peter Walne, *Virginia Magazine of History and Biography* 77 (1969), 455.

（39） Samuel Davies, *Sermons on Important Subjects...*, 5 vols. (Philadelphia, 1818), 5:277, George W. Pelcher, *Samuel Davies: Apostle of Dissent in Colonial Virginia* (Knoxville, 1971), chap. 9, esp. 166-67.

（40） Mercer to Washington, August 17, 1757, Stephen to Washington, August 20, 1757, *Papers of Washington* 4:372, 375.

（41） Fred Anderson, "A People's Army: Provincial Military Service in Massachusetts during the Seven Years' War," *William and Mary Quarterly*, 3d series, 40 (1983), 500-27; Anderson, *A People's Army: Massachusetts Soldiers and Society in the Seven Years' War* (Chapel Hill, 1984), chap. 2.

（42） Monckton to Amherst, July 9, 1760, quoted in Titus, "Soldiers When They Chose to be So," 243, 264 n. 69; Stewart to Washington, January 25, 1769, *Letters to Washington* 3:335.

（43） ワシントンとディンウィディの関係についてはKnollenberg, *Washington*, chap. 9、および該当の註を参照。

Freeman, *Washington* 2:248, 260, 267, 270-75; John R. Alden, *Robert Dinwiddie: Servant of the Crown* (Charlottesville, 1973), 90-110.

(44) Jack P. Greene, *The Quest for Power: The Lower Houses of Assembly in the Southern Royal Colonies, 1689-1776* (Chapel Hill, 1963), chap. 15. ディンウィディ統治下のヴァジニアについては、特に三〇三―六頁を参照。

(45) Washington to Robinson, December 19, 1756, *Papers of Washington* 4:68. ディンウィディと良好な関係を保っていた参議会員のフェアファックスは、事態を何とか取り繕おうとしたが、そもそもディンウィディと仲の悪かった下院議長のロビンソンは、ワシントンにこのような手紙を書くことを奨励したようである。Washington to Robinson, August 5, 1756, June 10, 1757, *Papers of Washington* 3:323-30, 4:198-99; Washington to Robinson, October 25, 1757, *Writings of Washington* 2:153-56; Fairfax to Washington, May 13-14, 1756, *Papers of Washington* 3:131.

(46) とりわけワシントンの癇にさわったのが、一七五六年九月三日発行の『ヴァジニア・ガゼット（ハンター）』紙に掲載された記事、"The Virginia-Centennial No. X"であった。この記事は、ヴァジニア連隊の士官たち数名を「卑劣な放蕩者」と呼び、「砦での仕事を怠けて」時間を無為に過ごしていると述べている。当該記事のヴァジニア連隊関連の箇所に関しては、*Papers of Washington* 3:410-11 n. 2 にも引用されている。また一七五七年の春には、ウィリアムズバーグの人々の間で、ワシントン自身がインディアン蜂起の話をでっち上げて議会を脅し、兵員と必要物資を供出させようとしているとの噂が、まことしやかに語られている。もっともディンウィディはワシントンに対し、ワシントン自身がこの噂に触れるまで、自分はこの話を知らなかったと述べている (Washington to Dinwiddie, September 17, 1757, Dinwiddie to Washington, September 24, 1757, ibid., 4:411-12, 422)。植民地議会は連隊の出費について種々疑問を投げかけ、副官と秘書を同時に要求するワシントンの考えは、「尋常ならざる」ものだとしている (William Fairfax to Washington, April 14, 1756, ibid., 2:351-52)。

(47) Washington to the earl of Loudoun, January 10, 1757, ibid., 4:79-90 (quotations, 83, 85).

(48) ブランドの手になるこの記事の原稿は一一頁からなり、筆者名は「愛国者」とのみ記されている。この原稿を直接ブランドから受け取ったと思われるワシントンは、原稿の裏に「一七六五年一〇月、リチャード・ブランド作ということになっている」と書き加えた。『ワシントン文書集成』の編者の注釈によれば、国会図書館ワシントン・コレクションの「一七五七年受領書簡類の後に」、この原稿は「間違って収められていた」(3:437 n. 3)。ブランドはワシントンを引き続き支持したが、これについてはBland to Washington, June 7, 1757, ibid., 4:187-88を参照。

(49) Kirkpatrick to Washington, June 19, 1757, *Papers of Washington* 4:237-38.

(50) *Writings of Washington* 2:277-78, 278-83, 290-91, 294-95, 299-300 (quotation, 278); *Forbes Writings*, 199, 219.

註・第二章

(1) Washington to Fauquier, November 28, 1758, *The Official Papers of Francis Fauquier, Lieutenant Governor of Virginia, 1758-1768*, ed. George Reese, 3 vols. (Charlottesville, 1980-1983), 1:116. ワシントンとフォーキアの書簡については、ibid., 30-31, 35-36, 41-42, 50-52, 52-53, 57-58, 65-68, 72-73, 79-80, 81-82, 86-87, 96-97, 99-100, 104, 113, 117-18, 130-31, 171を参照。

(2) Freeman, *Washington* 3:445.

(3) コネティカット選出のエリファレット・ダイアーは、ワシントンの総司令官への任命が地域的な思惑に左右されていると示唆し、また軍事面でワシントンより秀でたニューイングランド人がいるはずだと述べつつも、彼が「知人皆から非常に尊敬されているジェントルマンであり」、「思慮深く高潔で、決して無鉄砲な行為や、わめいたり、罵ったりすることがなく、常に冷静沈着な人物と見受けられる」と記している(Dyer to Joseph Trumbull, June 17, 1775, *Letters of Delegates to Congress*, ed. Paul H. Smith et al., 10 vols. to date [Washington, D.C., 1976-], 1:499-500)。またマサチューセッツ選出のトマス・カッシングによれば、ワシントンは「完璧なジェントルマンで、思慮分別があり、優しく高潔で慎み深く勇敢である。彼と知り合えば大いなる喜びを得ることになろうし、彼の感じの良い振る舞いや良き行いは、宗派を問わず我々に深い満足を与えるであろう」(Cushing to James Bowdoin, Sr., June 21, 1775, ibid., 530)。ワシントンの性格に関するさらなる証言は、たとえばジョン・アダムズやサイラス・ディーン、ジョン・ハンコックらの書簡に見出される。ibid., 497, 504, 506, 507, 517. 一七七五年の夏の時点で、ワシントンを除いてただ一人、大部隊の指揮を委ねうるアメリカの将軍と評されたフィリップ・スカイラーが（ワシントンと同じく）大陸会議のメンバーだったことは、決して偶然ではない。

（4）Gage to Washington, November 23, 1755, *Papers of Washington* 2:179.

（5）Washington to Stephen, July 20, 1776, *Writings of Washington* 5:313.

（6）Peter Force, ed., *American Archives…*, 4th series, 6 vols. (Washington, D.C., 1837-1846), 3:1077.

（7）William Pencak, *War, Politics, and Revolution in Provincial Massachusetts* (Boston, 1981), xi, 154.

（8）Ibid., 12. ジョン・アダムズはのちに次のように回想している。「その戦争（フレンチ・インディアン戦争）中、植民地人将兵に対するイギリス人士官たちの態度に、私ははらわたの煮えくり返る思いでした」(Adams to Benjamin Rush, May 1, 1807, *The Spur of Fame: Dialogues of John Adams and Benjamin Rush, 1805-1813*, ed. John A. Schutz and Douglass Adair [San Marino, Calif., 1966], 82)。アダムズは同様の思いを、別の機会にも吐露している。C. F. Adams, ed., *The Works of John Adams*, 10 vols. (Boston, 1850-1856), 4:40, 9:611.

（9）Robert J. Taylor, ed., *The Adams Papers: The Papers of John Adams*, 6 vols. to date (Cambridge, Mass., 1977-), 4:101; Massachusetts House of Representatives to Israel Mauduit, June 13, 1764, William Tudor, *Life of James Otis* (Boston, 1823), 166; Lyman H. Butterfield, ed., *The Adams Papers: Diary and Autobiography of John Adams*, 4 vols., (Cambridge, Mass., 1961), 1:285; James Otis, *The Rights of the British Colonies Asserted and Proved* (Boston, 1764), in *Pamphlets of the American Revolution, 1750-1776*, ed. Bernard Bailyn, 1 vol. to date (Cambridge, Mass., 1965-), 1:458-59, 463, 469; Jonathan Mayhew, *The Snare Broken* (Boston, 1766), 18-19; Samuel Adams to Christopher Gadsden, December 11, 1766, to Dennys De Berdt, December 16, 1766, *The Writings of Samuel Adams*, ed. Harry A. Cushing, 4 vols. (New York, 1904-1908), 1:110-11, 112-13.

（10）*Writings of Washington* 3:305, 307-8.

（11）*Boston Gazette*, May 21, 1754, quoted in Pencak, *War, Politics, and Revolution*, 233.

（12）Julian P. Boyd et al., eds., *Papers of Thomas Jefferson*, 19 vols. to date (Princeton, 1950-), 2:195, 198 n. 1. 民兵の再評価については以下を参照。Don Higginbotham, "The American Militia: A Traditional Institution with Revolutionary

Responsibilities," in *Reconsiderations on the Revolutionary War*, ed. Higginbotham, 83-103 passim; John Todd White, "Standing Armies in Time of War: Republican Theory and Military Practice during the American Revolution" (Ph.D. diss., George Washington University, 1978), 86-111; Lawrence D. Cress, *Citizens in Arms: The Army and Militia in American Society* (Chapel Hill, 1982), 41-50.

(13) John Adams to William Tudor, July 23, 26, 1775, to James Warren, July 23, 26, 1775, *Letters of Delegates to Congress 1:650*, 651-52, 667-68. ジョン・アダムズは、大陸会議がワシントンに需品係将校や兵站部の長の任命権を与えたことを懸念したが、それは高級幕僚とワシントンが親密になれば、相互のチェック機能が失われると考えたからである。民兵に関するゲリーとアダムズの見解は、James T. Austin, *Life of Elbridge Gerry*, 2 vols. (Boston, 1827-1828), 1:163, 176; George A. Billias, *Elbridge Gerry: Founding Father and Republican Statesman* (New York, 1976), 59-60 を参照。

(14) Fred Anderson, "Why Did Colonial New Englanders Make Bad Soldiers? Contractual Principles and Military Conduct during the Seven Years' War," *William and Mary Quarterly*, 3d series, 38 (1981), 395-417 (quotation 401); Anderson, *A People's Army*, chap. 6.

(15) 大陸軍の組織については Robert K. Wright, Jr., *The Continental Army* (Washington, D.C., 1983) を参照。同書はケンブリッジにおける創設期の大陸軍や、その後の機構的・構造的変容を詳細に論じている。

(16) Gage to Washington, May 10, 1756, *Papers of Washington* 3:115; Washington to Joseph Reed, December 15, 1775, *Writings of Washington* 4:164-65; *The Fitch Papers* (Connecticut Historical Society, *Collections*, vols. 17-18 [1918-1920]), 2:27; *Warren-Adams Letters* (Massachusetts Historical Society, *Collections*, vols. 72-73 [1917-1925]), 1:186.

(17) Mercy Otis Warren, *History of the Rise, Progress, and Termination of the American Revolution*, 3 vols. (Boston, 1805), 1:75-76; ゴードンについては Allen French, *The First Year of the American Revolution* (Boston, 1934), 303、エマソンについては *Writing of George Washington…*, ed. Jared Sparks, 12 vols. (Boston, 1833-1837), 3:491 を参照。新たに創られた大陸軍の軍法は、すでにマサチューセッツで施行されていたものと大差はなかったが、ワシントンがこの新軍法を積極的に施行しようとしたのに対し、マサチューセッツのアーテマス・ウォード将軍は消極的だった。

同様にウォードの軍令は、最下級の兵卒にまで届かないことも多く、軍法と軍令の双方において、ウォードよりもワシントンの方がコミュニケーションが上手で、状況に積極的に対応したことがわかる。これらの事実は、ワシントンの偉業を理解する上で重要な手がかりとなろう。ニューイングランドの部隊に対するウォードの指示は Massachusetts Historical Society, *Proceedings* 15 (1876-1877), 87-113.

(18) Shy, *A People Numerous and Armed*, chap. 9, "The Military Conflict Considered as a Revolutionary War"; John Adams to Abigail Adams, July 30, 1775, *Letters of Delegates to Congress* 1:681.

(19) ジョン・アダムズによれば「兵士にとって重要な三つの徳」とは、清さと行動力と酒に溺れないことであった (Adams to James Warren, June 10, 1775, *Letters of Delegates to Congress*, 1:467)。宿営に関するマサチューセッツの懸念については、Joseph Hawley to Gerry, February 18, 1776, Austin, *Gerry* 1:163. Greene to Charles Pettit, November 23, 1778, *Papers of Greene* 3:81 を参照。

(20) 植民地人の嫉妬について、最も印象的なワシントンの観察は *Writings of Washington* 3:325-26, 451, 4:77、士官の任命については *Papers of Washington* 1:361 を参照。大陸会議は連隊の士官に任命辞令を交付したが、その士官たちは自らの植民地や邦政府によってノミネートされていた。やがて数多くの部隊が大陸会議の直接的な権威のもとに設立される——カナダ方面軍二個連隊、傷病兵部隊、遊撃部隊三個などを含む——が、軍全体の中での割合は微々たるものであった。Wright, *Continental Army* は大陸軍のすべての部隊について、小史とリストとを掲載している。"Lineages," 195-350.

(21) ワシントン配下の将官たちを選定し、階級付けすることについて、ジョン・アダムズは次のように不満を述べている。「私はこれまでの人生で、これ以上に気をもむ仕事を経験したことがありません」(*Letters of Delegates to Congress* 1:503)。アーノルドの裏切りと、そのアメリカ側の反応については、次の二点の論文が新しい解釈を提示している。James Kirby Martin, "Benedict Arnold's Treason as Political Protest," *Parameters* 11 (1981), 63-74; Charles Royster, "'The Nature of Treason': Revolutionary Virtue and American Reactions to Benedict Arnold," *William and Mary Quarterly*, 3d series, 36 (1979), 163-93. ワシントンはフライへの懸念を、ジョーゼフ・リードに漏らしている。March 7, 1776, *Writings of Washington* 4:382.

(22) Richard K. Betts, *Cold War Decision Making* (Cambridge, Mass., 1979), 67, 242, 243.

(23) Washington to the president of Congress, July 10, 1775, Washington to John Thomas, July 23, 1775, *Writings of Washington* 3:325-26, 358-62.

(24) Washington to the president of Congress, September 21, 1775, ibid., 509; French, *First Year*, 507, 509. アメリカの将軍や大佐で、個人的に中隊を組織していた者もいた。

(25) Washington to the president of Congress, September 24, 1776, *Writings of Washington* 6:108.

(26) Washington to the president of Congress, July 10, 1775, ibid., 3:327.

(27) Ibid., 379-80, 486, 487; Higginbotham, "The American Militia: A Traditional Institution with Revolutionary Responsibilities," in *Reconsiderations on the Revolutionary War*, 90-92.

(28) ゴードンについては以下を参照。French, *First Year*, 520; Jonathan Trumbull to Washington, December 7, 1775, *American Archives*, 4th series, 4:213.

(29) Washington to Reed, Washington to the president of Congress, November 28, 1775, *Writings of Washington* 4:121-22, 124.

(30) 一七七五年一二月一一日、ワシントンは大陸会議議長に宛てて次のように書き送っている。「民兵は迅速に集まりつつあります。ニューハンプシャーやこの植民地（マサチューセッツ）での、善良な人々のかくも機敏な行動には満足しております」(*Writings of Washington* 4:156)。また民兵は少なくとも一二月の時点では、ワシントンが期待した以上に機能していた (Ibid., 185)。Greene to Jacob Greene, November 30, 1775, Greene to Nicholas Cooke, February 6, 1776, *Papers of Greene* 1:158, 192; Freeman, *Washington* 3:578-79 も参照のこと。一二月末、ワシントンのもとでは五八二一名の民兵が兵役に就いていた (Charles H. Lesser, ed., *The Sinews of Independence: Monthly Strength Reports of the Continental Army* [Chicago, 1976], 16)。

(31) Washington to the president of Congress, February 9, January 4, 1776, *Writings of Washington* 4:315-18, 208. 兵役期間延長を是認する議案は、おそらくは問題がデリケートであったために、大陸会議の議事録に残されなかったものと思われる。あるいは議案が全員委員会に提出されたため、議事録に記載されなかった可能性も考えられる。

しかし、ニュージャージー選出のリチャード・スミスが記した一七七六年一月一九日の日記には、「三年あるいは戦争終了時までの約束で兵士を徴募するという提案には、北部植民地から異論が出されて否決された」とある。またバーナード・ノレンバーグも、兵役期間の延長はまず大陸会議の場で提示されたのであり、ワシントンのイニシアティヴによるとするのは一部の歴史研究者の誤った主張であると述べている。とはいうものの、そのような法案がワシントンの了承なしに可決される可能性は低かっただろう (*Washington and the Revolution: A Reappraisal* [New York, 1940], chap. 12)。ワシントンは一七七六年二月一日付のジョーゼフ・リードへの書簡の中で、報奨金制度の導入や兵役を戦争期間中とする案を初めて開陳している。*Writings of Washington* 4:300.

（32） ワシントンの書簡は一七七六年二月二二日、ケンブリッジから届いた当日に議会で取り上げられ、侃々諤々の議論を呼び起こした。その際、兵士たちが他の植民地出身の士官の下に配属されるおそれや、大陸会議が士官の任免権を喪失する可能性、また期間が定まらない兵役は人々が受け入れないのではないか、などの疑念が出された。ニューヨーク選出のジェイムズ・デュアンによれば、コネチカットのロジャー・シャーマンは「長期にわたる兵役は奴隷状態を意味する。自由であるためには必ず交代がなければならない」と明言したという (*Letters of Delegates to Congress* 3:295)。リチャード・スミスの手になる同日の日記の記載も参照 (Ibid., 297)。

（33） Gerry to Horatio Gates, June 25, 1776, John Adams to Henry Knox, August 25, 1776, ibid., 4:313-14, 5:63; Samuel Adams to John Adams, August 16, 1776, *Writings of Samuel Adams* 3:310; Billias, *Gerry*, 71.

（34） このようなワシントンと植民地指導者との関係については、White, "Standing Armies in Time of War," 147-58 が詳しく論じている。

（35） 書簡のほとんどは*Writings of Washington*, vols. 3-4 passim。『ワシントン文書集成』のスタッフ、フィランダー・D・チェイス氏には、以前の版には含まれていない書簡の数々をご教示いただいた。

（36） Houlding, *Fit for Service*, particularly chap. 9.

（37） Piers Mackesy, "What the British Army Learned," in *Arms and Independence: The Military Character of the American Revolution*, ed. Ronald Hoffman and Peter J. Albert (Charlottesville, 1984), 193-94.

（38） 一七七五年一二月の月例報告書には、最大の兵員数二万三一七九名が記載されている (*Sineus of Independence*, 6)。

(39) G. B. Warden, *Boston, 1689-1776* (Boston, 1970), 319.
(40) Ibid., 331.
(41) Hezekiah Niles, *Principles and Acts of the Revolution in America* (Baltimore, 1823), 149.
(42) Washington to the Massachusetts legislature, March 28, 1776, *Writings of Washington* 4:441.

註・第三章

(1) Washington to John Augustine Washington, March 31, 1776, *Writings of Washington* 4:450.
(2) 第二次大戦や、その後の戦争の影響を受けて、独立戦争をグローバルな視点から捉えようとする研究者もいる。代表的な文献としては、Eric Robson, *The American Revolution in its Political and Military Aspects* (New York, 1955); Piers Mackesy, *The War for America, 1775-1783* (Cambridge, Mass., 1964); William B. Willcox, *Portrait of a General: Sir Henry Clinton in the War of Independence* (New York, 1964); John Shy, *A People Numerous and Armed* (New York, 1976) などがあげられる。また、Don Higginbotham, "American Historians and the Military History of the American Revolution," *American Historical Review* 70 (1964), 18-34 も参照。
(3) *Papers of Washington* 2:257; *Writings of Washington* 3:441, 4:207, 3:451. ワシントンと兵卒との関係については、Freeman, *Washington* 2:372, 376-77 に詳しい。
(4) *Writings of Washington* 9:389.
(5) "Farewell Orders to the Armies of the United States," November 2, 1783, ibid., 27:224.
(6) Joseph Plumb Martin, *Private Yankee Doodle: Being a Narrative of some of the Adventures of a Revolutionary Soldier*, ed. George F. Scheer (New York, 1962), 195-96.
(7) John C. Dann, ed., *The Revolution Remembered: Eyewitness Accounts of the War for Independence* (Chicago, 1980), 62.
(8) *Writings of Washington* 11:329-33, 366. ワシントンの副官ジョン・ローレンスによれば、シュトイベンは当時、外国人士官が不人気であることを自覚していたという。ローレンスは大陸会議議長を務める父ヘンリー・ローレンスに宛てて、次のように書き送っている。「彼［シュトイベン］と将軍［ワシントン］との会見に私は通訳として臨席しましたが、彼は総司令官の知己を得るまでは、あえて大陸会議と接触することを避けていたということです。それは、他の大陸軍士官の気分を害したくないとの思いと、将軍が自分に最もふさわしい地位を与えてくれるであろうとの考えからだそうです」(John Laurence to Henry Laurence, February 28, 1778, ibid., 329n)。ワシントンはリスクを避けるために、当初、シュトイベンに何も言質を与えず、比較的軽微な任務に就かせた。ワシントンの野営地で開かれた大陸会議の委員会は、シュトイベンが傭兵で「外国人」であるとの理由から、彼が教育総監の地位につくことを拒んだ (E. Wayne Carp, *To Starve the Army at Pleasure: Continental Army Administration and American Political Culture, 1775-1783* [Chapel Hill, 1984], 46)。ワシントンは大陸会議に対して、外国人士官の採用には慎重を期すように求めたが、「この原則は砲兵および工兵士官には適用されない」とも述べている。この分野に秀でたアメリカ人がほとんどいなかったので、優秀な技術者は「絶対に必要」だと痛感していたからである (Washington to Richard Henry Lee, May 17, 1777, *Writings of Washington* 8:76)。

(9) Carp, *To Starve the Army at Pleasure*, 161, 162より引用。カープは当該文書の権威でもある。

(10) William G. Simms, ed., *The Army Correspondence of Colonel John Laurens in the Years 1777-8* (New York, 1867), 170.

(11) Wright, *Continental Army*, 140; *Writings of Washington* 4:80-81, 8:29.

(12) Greene to Washington, December 3, 1777, *Papers of Greene* 2:232; Wright, *Continental Army*, 141; *Regulations for the Order and Discipline of the Troops of the United States* (Philadelphia, 1779), 138, reprinted in Joseph R. Riling, *Baron von Steuben and His Regulations including a Facsimile of the Original* (Philadelphia, 1966).

(13) Wright, *Continental Army*, 145-46. 一七八三年にワシントンが総司令官を辞任する直前、彼はシュトイベンに手紙を送り、彼の貢献を称賛している。「あなたがその任務に当たるときに示した多大な熱意、注意力、能力については、公的にも私的にもこれまで何度も称えてきました。しかし、私は公人としての最後を締め括る機会をぜひ利用して、その見事な任務の遂行ぶりに最大限の賛辞を送りたいと思います。誠実で立派なあなたの所業には、我々皆がその恩恵に浴していることを明さなければなりません」(*Writings of Washington* 27:283)。

(14) Howard C. Rice, Jr., and Anne S. K. Brown, eds., *The American Campaigns of Rochambeau's Army*, 2 vols.

(Princeton and Providence, 1972), 1:78, 152; Rice, ed., *Travels in North America in the Years 1780, 1781, and 1782 by the Marquis de Chastellux*, 2 vols. (Chapel Hill,1963), 1:107, 114. すべてのフランス人士官がアメリカの兵士に対して好意的な印象を持っていたわけではないかもしれないが、フランス人士官が彼らの同盟者に対して、全体としては「概ね好意的」であったことは裏付けられている(Lee Kennett, *The French Forces in America, 1780-1783* [Westport, Conn., 1977], 118)。一年後、ニューヨークでアメリカ軍と合流した際に、あるフランス人は大陸軍の外見が改善していることに目を奪われた。ロシャンボー将軍が大陸軍のキャンプを回っていた際の逸話もある。彼はワシントンの連隊を観察した後、次のように叫んだという。「ぜひともプロシア王と同盟を結ぶべきだ。この部隊はプロシア軍そのものだから」(James Thatcher, *Military Journal*... [Hartford, Conn., 1854], 312)。

(15) 合衆国陸軍軍事史編纂局のロバート・K・ライト・ジュニアによれば、「我々は物資が欠乏していたという仮説を立証するために、数量的な実証調査にようやく乗り出しました。今までにわかったことは、物資の欠乏は今まで言われていたよりも一時的なもので、さらに武器弾薬よりも食糧と衣服の欠乏が深刻だったということです」(一九八四年一〇月一二日に著者に語ったコメント)。もちろん彼のコメントは、特定の戦争だけでなく、アメリカの軍事史全体にも適応されるに違いない。

(16) Green to James Varnum, February 9, 1779, *Papers of Greene* 3:223; Lee to Peter Muhlenberg, August 1, 1776, *The Lee Papers* (New-York Historical Society, *Collections*, vols. 4-7 [1871-1874]), 2:186. 近年、多くの研究者が、軍と様々な民間部門の間に生じた軋轢に注意を払っている。以下の研究者はそうした傾向を代表するが、必ずしもみな同じように軍の不平が危機的な事態を起こしたことを重要視しているわけではない。Richard H. Kohn, "American Generals of the Revolution: Subordination and Restraint," in *Reconsiderations on the Revolutionary War*, 104-23; Kohn, *Eagle and Sword: The Beginnings of Military Establishment in America* (New York, 1975); James Kirby Martin and Mark Edward Lender, *A Respectable Army: The Military Origins of the Republic, 1763-1789* (Arlington Heights, Ill., 1982); Martin, "A 'Most Undisciplined, Profligate Crew': Protest and Defiance in the Continental Ranks, 1776-83," in *Arms and Independence*, 65-76, 143-44; Lender, "The Social Structure of the New Jersey Brigade: The Continental Line as an American Standing Army," in *The Military in America: From the Colonial Era to the Present*, ed. Peter Karsten (New

York, 1980), 27-44; Royster, *A Revolutionary People at War.*

(17) コンウェイの陰謀を一七七七年から七八年にかけての戦時行動の文脈で扱ったものとしては、Don Higginbotham, *The War of American Independence: Military Attitudes, Policies, and Practice, 1763-1789* (New York, 1971; reprinted Boston, 1983) の第九章を参照のこと。

(18) この点に関して特に印象的な記述は、Jack N. Rakove, *The Beginnings of National Politics: An Interpretive History of the Continental Congress* (New York, 1979)、および White, "Standing Armies in Time of War" に見られる。

(19) Carp, *To Starve the Army at Pleasure*, 87. 南部連合の内部対立については以下の研究に詳しく描写されている。Frank L. Owsley, *States Rights in the Confederacy* (Chicago, 1925); Emory M. Thomas, *The Confederacy as a Revolutionary Experience* (Eglewood Cliffs, N.J., 1971); Robert F. Durden, *The Gray and the Black: The Confederate Debate on Emancipation* (Baton Rouge, 1972); Stanley Lebergott, "Why the South Lost: Common Purpose in the Confederacy, 1861-1865," *Journal of American History* 70 (1983), 59-74.

(20) *Autobiography of Benjamin Rush*, 145.

(21) Gates to Elizabeth Gates, September 22, Gates Papers, New-York Historical Society.

(22) Don Higginbotham, "Military Leadership in the American Revolution," *Leadership in the American Revolution* (Washington, D.C., 1974), 105-6, 107より。ティモシー・ピカリングは、後にワシントンが「ニューバーグ檄文」を認めないことで彼に詰め寄るのだが、一七七八年五月に「我々がやろうとしている仕事にワシントンの注意を向けねばなるまい」と断じている (Gerald H. Clarfield, *Timothy Pickering and the American Revolution* [Pittsburgh, 1980], 46より引用)。しかし、ワシントンが頻繁に下級士官と連絡を取り合っていたことは忘れられがちである。下級士官たちもまた彼らの不平を直接ワシントンに伝えることができたのである。下級士官とワシントンの書簡については、Dennis P. Ryan, ed., *A Salute to Courage: The American Revolution as Seen Through Wartime Writings of Officers of the Continental Army and Navy* (New York, 1979) に数多く引用されている。

(23) *Writings of Washington* 14:28, 27, 10:362-65. 軍の活動休止がもたらす害悪については、佐官たちも強く不平を漏らしている (Mark E. Lender and James Kirby Martin, eds., *Citizen Soldier: The Revolutionary War Journal of Joseph*

Bloomfield [Newark, 1982] passim)。

(24) *Writings of Washington* 10:363-64, 11:284-86.

(25) Ibid., 18:209; Freeman, *Washington* 4:622-23.

(26) *Writings of Washington* 18:210-11.

(27) Edmund C. Burnett, *The Continental Congress* (New York, 1941), 531-32 より引用。

(28) ワシントンは政治家や大衆にアクセスするのに知り合いの力も借りていた。たとえば、大陸会議議長の息子のジョン・ローレンスなどである。のちの時代にも、そうしたいわゆる「バックチャンネル」は色々な形で存在していた。「バックチャンネル」はときに上級士官が行政部門の重要人物に関する情報を得るのにも使われてきた。

(29) 一七七九年一月、大陸会議はワシントンの権限が全軍事部門にまたがるものだと宣言して、事態を収拾しようとしている。だが、その権限は彼が一七七五年に任命を受けたときから暗に含まれていたものであった。したがって大陸会議の宣言は、ワシントンと他の軍事部門の指揮官たちとの関係を劇的に変えるものではなかった。すなわち、指揮官たちの関係を完全に体系化する制度的な手段は存在しなかったのである。一九八〇年代になっても、統合参謀本部の改革が大きな議論を呼んだ。さらに何人かの長官は他の長官よりも多くの権限を要求し、実際に獲得する者もいたのである。

(30) "Proclamation" January 25, 1777, *Writings of Washington* 7:61-62, 61n; Clark to John Hart, February 8, 1777, to Elias Dayton, March 7, 1777, *Letters of Delegates to Congress* 6: 240, 414.

(31) Washington to the Board of War, January 3, 1778, Washington to the president of Congress, January 5, 1778, "General Orders," Jury 5, 1775, *Writings of Washington* 10:253-54, 267, 3: 312. 戦時に書かれたワシントンの書簡には類似した言葉が多数見られる。

(32) Carp, *To Starve the Army at Pleasure*, 199.

(33) James Duane to George Clinton, with enclosures, November 11, 1780, *Letters of Members of the Continental Congress*, ed. Edmund C. Burnett, 8 vols. (Washington, D.C., 1921-1936), 5:445-46 n. 6; William Bradford to Jefferson, November 22, 1780, enclosing "Proceedings of the Hartford Convention," *Papers of Jefferson*, 4:138-41. ワシントンが軍

事独裁者になっていた可能性については、Carp, *To Starve the Army at Pleasure*, 203 に言及されている。ホワイトはワシントンが軍事独裁の権限を求めたならば、大陸会議は承認したに違いないと確信している（"Standing Armies in Time of War," 310）。

（34） Rokove, *Beginnings of National Politics*, 289-91; *Papers of Jefferson*, 6:90-92; William T. Hutchinson, Robert A. Rutland, et al., eds., *Papers of James Madison*, 14 vols. to date (Chicago and Charlottesville, 1962-), 3:17-19, 71-72.

（35） 大陸会議に与えられていた権限の枠内ではあるが、一七七九年、大陸会議はワシントンができるだけ柔軟にかつ自律的に行動できる権限を与えている（John Jay to Washington, May 10, 1779, *Letters of Congress* 4:203-4; Thomas Burke to the North Carolina legislature, August 1779, ibid., 368-69）。だが、ワシントンは聡明に振舞っており、必要なとき以外は、自分の権限を拡大解釈しようとしなかった。また、特殊な問題に関しては大陸会議の判断を仰ぐ必要性を認めていた。一七七六年三月三日に、彼は次のように書いている。「私は自分の権限を拡大したいとは思わない」。大陸会議が「『お前の行くところはここまでで、もうこれ以上行かなくていい』と言ってさえくれれば、私は道を踏み外すことなく今の仕事を続けられるというのに」（*Writings of Washington* 4:368）。複雑で込み入ったケースの場合、権限が明確にならないことは頻繁にあった。そうした際に彼は、「大陸会議が私の歩むべき道をチョークで線を引いて示してくれればいい」と望んだ（Ibid., 25:222, 223）。

（36） Ibid., 26:97.

（37） "Notes on Debates," February 20,1783, *Papers of Madison*, 6:265-66.

（38） Washington to Jones, December 14, 1782, *Writings of Washington* 25:430. 総司令官のワシントンは、一七八二年一〇月二日にベンジャミン・リンカーンに、同月一七日にはジェイムズ・マックヘンリーに同じような懸念を書面で伝えている（Ibid., 226-29, 269）。

（39） Knox to Alexander McDougall, February 21, 1783, Kohn, *Eagle and Sword*, 27 より。

（40） 過去一五年間、ニューバークの陰謀に関する研究は急激に増大した。リチャード・コーンの下記の論文は、クーデターの可能性があったことを強く示唆している。Richard H. Kohn, "The Inside History of the Newburgh Conspiracy: America and the Coup d'Etat," *William and Mary Quarterly*, 3d series, 27 (1970), 187-220. この論文はニュ

ーバーグ陰謀についてのみ論及したものである。コーンのテーゼの多くの側面はこれまで批判されており、彼自身も後の著書では議論を修正している（以下の文献を参照。Kohn, *Eagle and Sword*, 17-39; Kohn, "American Generals of the Revolution: Subordination and Restraint," in *Reconsiderations on the Revolutionary War*, chap. 7 passim; Paul David Nelson, "Horatio Gates at Newburg,1783: A Misunderstood Role. With a Rebuttal by Richard H. Kohn," *William and Mary Quarterly*, 3d series, 29 (1972), 143-58; C. Edward Skeen, "The Newburgh Conspiracy Reconsidered. With a Rebuttal by Richard H. Kohn," ibid., 31 (1974), 273-98）。スキーンはコーンと全く違った見方をしている。彼の主張は以下のようなものである。「軍の反主流派の側に組織立った行動は全く存在しなかった。ゆえに、ワシントンが軍の統制を失う危険は存在せず、あるいは、軍自身が自らの統制を失う可能性もなかった。檄文へのワシントンの対応や事件全体における彼の行動によって、歴史家たちは、何か危険な事態が回避されたという印象を持った。実際には、ワシントンは陰謀の亡霊を追い払ったに過ぎないのである」(Skeen, *John Armstrong, Jr., 1758-1843* [Syracuse, 1981], chap. 1. 引用は一四頁より）。スキーンの研究では、ニューバーグ陰謀における若手士官の関与も取り沙汰されている。だが、他の国々、特に二〇世紀においては、「頭に血が上った大佐」がクーデターを成功させることが多い。たとえば、トルコ大統領となったケナン・エブレン将軍について、コラムニストのジョーゼフ・クラフトが記しているように。*Washington Post*, February 25, 1982.

（41）　ワシントンが語ったセリフについては若干異なったバージョンもある。だが、内容については大差ない (Freeman, *Washington* 5: 435, 435 n. 39; James T. Flexner, *George Washington*, 4 vols. (New York, 1965-1973), 2:507.

（42）　*Writings of Washington* 26:211-34 passim, 268-72（引用は二二六頁より）。大陸会議議員のマディソンによれば、「嵐に立ち向かう彼の勇気、そして大陸会議と国のために任務を全うしようという使命感が、ワシントンに絶大な人気が寄せられる原因だ」という("Notes on Debates," March 17, 1783, *Papers of Madison* 6:348)。また、年金支払方法の切り替えに関する大陸会議の議論については、"Notes on Debates," March 22, 1783, ibid., 375, 377 n. 3; "Continental Congress Report on Half Pay to the Army," March 21, 1783, *Papers of Alexander Hamilton*, ed. Harold C. Syrett and Jacob E. Cook, 26 vols. (New York, 1961-1979), 3:301-3 and notes.

（43）　ホワイトは、年金の半額支払いに関して、大陸会議が新国家において軍関係者が影響力を持つことを単に恐れたのではないと主張する。彼の議論はかつての研究の主張より説得力に富む（"Standing Armies in Time of War," 323-24, n. 18）。

（44） Hamilton to Washington, February 13, March 17, 1783, *Papers of Hamilton*, 3:253-55, 292-93; Washington to Joseph Jones, March 12, 1783, Washington to Hamilton, March 4, 12, April 4, 1783, *Writings of Washington* 26:214-16, 185-88, 216-17, 292-93（引用は二九三頁より）。Jones to Washington, February 27, 1783, *Letters of Joseph Jones of Virginia, 1777-1787*, ed. Worthington C. Ford (Washington, 1889), 99-100.

（45） Royster, *A Revolutionary People at War*, 319.

（46） Larrry I. Bland and Sharon R. Ritenour, eds., *The Papers of George Catlett Marshall*, 1 vol. to date (Baltimore and London, 1981-), 1:644.

（47） Royster, *A Revolutionary People at War*, 351.

（48） ロッシャンボーの言葉。引用は Kennett, *The French Forces in America*, 83. トレンチャードの言葉は、次の文献からの引用。Joseph Phillip Reid, *In Defiance of the Law: The Standing Army Controversy, The Two Constitutions, and the Coming of the American Revolution* (Chapel Hill, 1981), 108; James Barnum to William Greene, April 2, 1781, *Letters of Members of Congress* 6:41-42.

（49） *Papers of Jefferson* 6:413.

註・第四章

（1） マーシャルは第一次大戦時の軍務についての回顧録を執筆しているが、それは彼の死後長らく出版されなかった。George C. Marshall, *Memoirs of My Services in the World War, 1917-1918*, with notes and foreward by James L. Collins, Jr. (Boston, 1976). またマーシャルの二番目の妻キャサリン・タッパー・マーシャルが非常に有益な回想録を著したことは注目されるべきである。Katherine Tupper Marshall, *Together: Annals of an Army Wife* (Atlanta, 1946).

（2）Max Farrand, ed., *Records of the Federal Convention of 1787*, 4 vols. (New Haven, 1911-1937), 3:85, 86n.

（3）Forrest C. Pogue, *George C. Marshall* (New York, 1963-), 1:323. ポーグは定評のある『マーシャル伝』三巻（未完）を出版している。*The Education of a General, 1880-1939* (1963); Ordeal and Hope, 1939-1942 (1966); *Organizer of Victory, 1943-1945* (1973)。マーシャルについてのポーグの簡潔な評価は、*George C. Marshall: Global Commander* (Harmon Memorial Lecture: United States Air Force Academy, Colorado, 1968) を参照。

（4）Russell F. Weigley, "American Strategy: A Call for a Critical Strategic History," in *Reconsiderations on the Revolutionary War*, 33.

（5）Charles W. Eliot, *Four American Leaders* (Boston, 1907), 33-56; Henry Cabot Lodge, *George Washington*, 2.vols. (Boston, 1898), 1:73, 75, 94.

（6）Henry B. Carrington, *Washington the Soldier* (Boston, 1898); Matthew Forney Steele, *American Campaigns*, 2.vols. (Washington, D.C., 1909), 1:19; William A. Ganoe, *History of the United States Army*, rev. ed. (New York, 1942).

（7）Emory Upton, *The Military Policy of the United States* (Washington, D.C., 1904), 66-67.

（8）Russell F. Weigley, *Towards an American Army: Military Thought from Washington to Marshall* (New York, 1962), 111. 自分の考えに対する人々の反応に失望し、健康の悪化に苦しみながら、アプトンは一八八一年に自殺した。彼の草稿はいまだ未完成であったが、高位軍人の間で回覧され、最終的にセオドア・ローズヴェルト政権の陸軍長官エリフ・ルートの指示により上梓された。

（9）O. O. Howard, "The Example of Washington," *United Service* 4 (1881), 505.

（10）Richard H. Kohn, "The Greatness of George Washington: Lessons for Today," *Assembly* 36 (1978), 6, 28; James L. Collins, Jr., "George Washington: Statesman and Strategist," 6. この論文はコリンズ将軍からいただいた。一九八三年四月七日にオハイオ州シンシナティで開かれたアメリカ歴史家協会年次大会で読み上げられたものである。

（11）*Time*, January 3, 1944. このフリーマンの所見は、『リッチモンド・ニューズ・リーダー』に掲載され、一九四三年一二月三〇日付けのフリーマンからマーシャルへの書簡（ヴァジニア軍事研究所マーシャル研究財団図書館蔵）に収められた。

(12) T. Harry Williams, "The Macs and the Ikes: America's Two Military Traditions," *American Mercury* 75 (1952), 32-39. 同論文は *The Selected Essays of T. Harry Williams: With a Bibliographical Introduction by Estelle Williams* (Baton Rouge, 1983), 173-81 にも収められている。

(13) Samuel P. Huntington, *The Soldier and the State: The Theory and Politics of Civil-Military Relations* (Cambridge, Mass., 1957), 367-68.

(14) Pogue, *Marshall* 1:189. マーシャル自身は、「世界大戦という状況下で私に課せられた任務は、単に士官を信じることではなく、大軍を動かすための詳細な命令を書くことである」と述べている (*Marshall Papers* 1:438)。

(15) Henry H. Arnold, *Global Mission* (New York, 1949), 163-64, 172, 180, 187, 195. マーシャルが空軍の重要性に気付いた点については、*Marshall Papers* 1: 676-79, 698-99, 707 を参照。

(16) Omar N. Bradley and Clay Blair, *A General's Life: An Autobiography* (New York, 1983), 83-84; Pogue, *Marshall* 2:ix, 411. アイゼンハワーはマーシャルの言葉をそのまま信じた。Joseph P. Hobbs, ed., *Dear General: Eisenhower's Wartime Letters to Marshall* (Baltimore, 1970). この点に関してはホッブスの議論を参照 (pp. 83, 231)。「(マーシャルは) 主要な部下たちに、自身が責務を負う領域において自身の決断に基づいて考え行動するよう促したが、こうした態度は陸軍学校で強調されはしたものの、平時にはほとんど実践されたためしのないことであった」と、アイゼンハワーは後に書いている (*Crusade in Europe* [New York, 1948], 35)。

(17) *Marshall Papers* 1:705. マーシャルはフォレスト・ポーグとのインタビューの中で、パーシングについてそのような評価を繰り返している (pp. 189, 194, 200-1)。マーシャルとパーシングとの関係は、ポーグの著作や、Frank E. Vandiver, *Black Jack: The Life and Times of John J. Pershing*, 2.vols. (College Station, Texas, 1977) の中で若干注目されているが、さらなる研究を要する分野である。

(18) Frederick Palmer, *Newton D. Baker: America at War*, 2.vols. (New York, 1931) 1:162.

(19) マーシャルの気質については、Pogue, *Marshall* 1:417, 2:488, 3:676、ワシントンの気質については、Freeman, *Washington* 4:727, 5:568 を参照。キャサリン・マーシャルによれば、彼女の夫の怒りは「晴天の霹靂のよう」でもあった。「人をひるませる彼の言葉と冷たい鋼のような彼の目は、非難すべき失敗をした者の魂を萎えさせたのです」(*Together*, 109)。

(20) *Marshall Papers* 1:537.

(21) Pogue, *Marshall* 2:111.

(22) ワシントンの「平時の常備編成に関する所感」は、*Writings of Washington* 26: 374-98。

(23) John McAuley Palmer, *Washington, Lincoln, Wilson: Three War Statesmen* (New York, 1930); *Marshall Papers* 1:328-29, 333-34, 344-45, 347-48, 351.

(24) 「共同防衛について」と題するマーシャルの報告のこの部分は、*The War Reports* (Philadelphia, 1947), 289-96 所収の "Biennial Report of the Chief of Staff, July 1,1943 to June 30, 1945" による。ただしここでは、Walter Millis, ed., *American Military Thought* (Indianapolis, 1966), 436-45 を用いた。常備軍とその経費に関するマーシャルの警告は、Ibid., 437, 439-40 を参照。

(25) マーシャルとパーマーの関係について貴重な情報を含む優れた伝記 I. B. Holley, *Jr., General John M. Palmer: Citizen Soldiers and the Army of a Democracy* (Westport, Conn., 1982) による。ワシントンや軍事教練、また「限られた層の軍務」に関するマーシャルの発言については、*American Military Thought*, 436, 439, 440 を参照。

(26) *Marshall Papers* 1:644; Holley, *Palmer*, 714.

(27) *Marshall Papers* 1:644, 218, 222; Harvey A. DeWeerd, ed., *Selected Speeches and Statements of General of the Army George C. Marshall* (Washington, D.C., 1945), 36-39.

(28) Carl von Clausewitz, *On War*, ed. and trans. Michael Howard and Peter Paret (Princeton, 1976), 42-43 の中の引用。

(29) マーシャルは文民の聴衆に対し、「政治的行動の必要性」に関する同様の見解を披露している。「人々はそれを欲するならば行動せねばならない。人々が行動しないことを野党は与党の攻撃に利用する。だがそれは困難な課題であり、幕僚たちは通常こうした側面を十全には評価しない」(Speech to the National Institute of Social Sciences, May 18, 1949, Pentagon Office, Speeches, Marshall Research Foundation Library)。

(30) William C. Westmoreland, *A Soldier Reports* (New York, 1976), 159.

(31) ルメイは自己弁護に努めたのみならず、アメリカの民・軍の権威の適切な関係について彼流の解釈を述べた

(Curtis E. LeMay and MacKinlay Kantor, *Mission with LeMay: My Story* [New York, 1965]; LeMay and Dale O. Smith, *America is in Danger* [New York, 1968])。

(32) Omar N. Bradley, *A Soldier's Story* (New York, 1951), 9.

(33) Drew Middleton, "Vietnam and the Military Mind," *New York Times Magazine*, January 10, 1982, 34, 37, 82, 90, 92; Westmoreland, *A Soldier Reports*, 121.

(34) Paul M. Kattenburg, "Reflections on Vietnam: of Revisionism and Lessons Yet to be Learned," *Parameters* 14 (1984), 42-50. ヴェトナム戦争に関する文献は、すでに溢れんばかりの量に達している。その多くは、陸軍大学校発行の雑誌『パラメーターズ』誌において論じられ分析されてきた。カッテンバーグの論文のほか、以下の文献がアメリカ軍への批判を理解する上で有益である。Guenter Lewy, "Some Political-Military Lessons of the Vietnam War, *Parameters* 14 (1984), 2-14; John M. Gates, "Vietnam: The Debate Goes On," ibid., 15-25. 統合参謀本部に対する批判は、Lawrence J. Korb, *The Joint Chiefs of Staff: The First Twenty-Five Years* (Bloomington, Ind., 1976), 180; Betts, *Cold War Decision Making*, 35, 51。軍事的リーダーシップへの共感は、Colonel Harry G. Summers, Jr., *On Strategy: A Critical Analysis of the Vietnam War* (Novato, Calif., 1982); Summers, "A Strategic Perception of the Vietnam War," *Parameters* 13 (1983), 41-46 に見られる。

(35) 一例は、Senator Joseph R. McCarthy, *America's Retreat from Victory: The Story of George Catlett Marshall* (New York, 1951).

(36) 最近の多くの研究は、金ぴか時代の軍事的プロフェッショナリズムに関するハンティントンの解釈に重要な修正——控え目に言っても——を施している。Richard C. Brown, *Social Attitudes of American Generals* (New York, 1979); Jerry M. Cooper, *The Army and Civil Disorders: Federal Military Intervention in Labor Disputes, 1877-1900* (Westport, Conn., 1980); John M. Gates, "The Alleged Isolation of the U. S. Army Officers in the Late 19th Century," *Parameters* 10 (1980), 32-45; James L. Abrahamson, *America Arms for a New Century: The Making of a Great Military Power* (New York, 1981). 最後の論文は、シャーマンとマイルズに言及している (pp. 31, 60, 74-75)。

(37) Pogue, *Marshall* 3:315; Dean Acheson, *Sketches from Life of Men I Have Known* (New York, 1959), 163-64.

（38）*Marshall Papers* 1:613, 423, 659.

（39）Ibid., 707.

（40）Pogue, *Marshall* 1:307-8; *Writings of Washington* II:291.

用語解説

正規軍（line）　各邦（ステイト）に「割り当て」られた大陸軍の部隊。この語は歩兵隊、騎兵隊、砲兵隊のいずれにも適用される。邦は兵の募集・補充、衣服の支給、財源などに関して必要な法的・行政的措置を講じて当該部隊を支援し、この関係は部隊が存続するかぎり解消されない。特定の邦に割り当てられなかった部隊は大陸会議に対して直接に責任を負う。なお、このような用語法は部隊を指す場合にのみ当てはまるもので、戦場での配置を指す場合には“line”は単に戦列・隊列を意味する。

連隊（regiment）　一八世紀の陸軍において管理上の基本となる単位。大陸軍、英軍とも通常、連隊は一個大隊によって構成されていたため、事実上、大隊と同義。

大隊（battalion）　一八世紀の戦争において戦術上の基本となる単位。複数の中隊や小隊から成り、通常は中佐が指揮をとる。

中隊（company）　歩兵隊や砲兵隊において管理上の最小の単位。大陸軍、英軍では独立した部隊として行動する場合も、連隊の一部を構成する場合もあり、事実上、小隊と同義。

小隊（platoon）　一八世紀における戦術上の最小の単位。通常、一個大隊は八個小隊から成る。ヨーロッパの陸軍では小隊は特定の戦闘における一時的な隊形の場合も多い。大陸軍、英軍では中隊と小隊は事実上同義。

士官・将校（commissioned officer）　大陸会議や英国王から将校任命辞令（commission）を得ている者で、将官から尉官までを指す。英軍ではこの辞令は財産の一形態で、政府の監督の下に売買できた。

将官（general）　大部隊の指揮の任に当たる士官。大陸軍では少将（major general）、准将（brigadier general）の二階級より成る。通常、前者は師団（division）を指揮し、後者は旅団（brigade）を指揮した。「大将（General）にして総司令官（Commander-in-Chief）」たるワシントンの階級は無比のもの。英軍では大将、中将（lieutenant general）、少将の三階級より成り、さらに上位の階級たる元帥（field marshal）は北米では用いられなかった。なお、英軍における旅団長（brigadier）は戦時のみの階級で将官ではなく、大佐と中佐の間に位置した。

佐官（field officer）　連隊の軍事行動全体に関わる士官で、大佐、中佐、少佐を指す。

大佐（colonel）　連隊を指揮する士官。英軍では有名無実、肩書きのみの階級で、財政上の問題にのみ関与するが、大陸軍では実際に指揮・監督の任を負う。

中佐（lieutenant colonel）　大陸軍では中佐が連隊の先任将校の場合、特に司令官中佐（lieutenant colonel commandant）と呼ばれる。英軍でも中佐は戦場において実際の指揮をとる。

少佐（major）　とくに連隊の管理を担当する。歩兵隊の場合、戦場に騎馬で臨む唯一の士官で、連隊の戦列が乱れた際に再編成する任を負う。

尉官（company-grade officer）　中隊規模の部隊の士官で、大尉から少尉までを指す。

大尉（captain）　中隊、もしくは騎馬中隊の指揮官。

准大尉（subaltern）　大尉より下の階級の尉官。

中尉（lieutenant）　一個中隊に複数置かれている場合、first, second, third lieutenant と区別される。なお、歩兵隊、騎兵隊で佐官が中隊の指揮官となっている場合、特に大佐の中隊を実際に指揮する中尉を captain-lieutenant といい、連隊の中尉のなかで先任の者がなる。

少尉（ensign, cornet）　ensign は歩兵中隊で最下級の士官。大陸軍では連隊の少尉が交替で連隊旗を掲げる。また、中隊の軍服や衛生管理の任を負う。cornet は騎兵中隊の少尉で、歩兵隊の ensign に相当する。

准尉（warrant officer）　大陸会議や英国王から准尉任命辞令（warrant）を得ている者で、通常、幕僚の任務に就いた。幕僚長や方面軍司令官など、より下位の権威もこの辞令を発することができた。

下士官（noncommissioned officer）　軍曹、伍長、鼓手隊長、笛手隊長を指し、兵卒を指揮するために連隊の指揮官によって任命された。連隊の指揮官か軍法会議によってしか、その階級を剥奪されることはなかった。

軍曹（sergeant）　矛槍（halberd）を持つ下士官。兵卒に軍規を指導し、戦場においては縦列の端（file closer）を占める。

伍長（corporal）　分隊（squad）の監督の任を負う下士官。戦闘においては戦列に加わり、兵卒とともに戦う。

下級伍長（lance corporal）　伍長代理。一八世紀のヨーロッパの軍隊では、将来士官となる者はこの階級を得て実地訓練を受けた。しかし大陸軍や英軍では、彼らを「士官候補生（cadet）」もしくは「志願兵（volunteer）」として扱い、将校任命辞令を得るまで軍隊の中で公的な地位を与えないことが多かった。

兵卒（rank and file）　部隊の兵卒（private）と伍長を指す。rank は横列、file は縦列（伍）を意味し、この戦列の形態を反映した用語。「銃剣兵力（bayonet strength）」とも呼ばれる。

砲兵（bombardier, gunner, matross）　砲兵隊の兵卒。bombardier は弾薬の準備や迫撃砲の発射の技能を持った兵卒に対して与えられる階級。危険な任務の場合には給与が割り増しされた。gunner（装填手・照準手）は大砲の装填や照準合わせを担当する兵卒。matross よりも高い給与を得た。matross は大砲の発射に際し、あまり技術を要しない仕事を担当した。

総務将校（adjutant）　古くは aide-major と呼ばれた。連隊の幕僚士官で、部隊の管理上の事務や、歩哨、作業班などの日常の特定任務を監督する。

需品係将校（quartermaster）　部隊の宿舎、食料、装備、移動の任を負う士官。

主計官（paymaster）　連隊の資金の管理や給与の支払いを担当。

兵站部将校（commissary）　様々な兵站任務を担当した民間人士官。

表１　大陸軍歩兵連隊の構成

司令部（佐官）	幕僚	中隊（８個＋軽歩兵中隊１個）
大佐［1］ 中佐［1］ 少佐［1］	総務将校［1］ 需品係将校［1］ 主計官［1］ 軍医［1］ 軍医助手［1］ 上級曹長［1］ 兵站部付き下士官［1］ 鼓手隊長［1］ 笛手隊長［1］ 従軍牧師［1］	大尉［各 1］ 中尉［各 1］ 少尉［各 1］ 曹長［各 1］ 軍曹［各 3,4］ 伍長［各 3,4］ 鼓手［各 1］ 笛手［各 1］ 兵卒［各 53,64,76］

表2　大陸軍司令官

方面軍	司令官	任期（月 / 日 / 年）
主力軍［中部方面軍］（ニューヨーク南部、ニュージャージー、ペンシルヴァニア、デラウェア、メリーランドに展開）	ジョージ・ワシントン	戦争期間中
東部方面軍（マサチューセッツ、ニューハンプシャー、コネティカット、ロードアイランドに展開）	アーテマス・ウォード ウィリアム・ヒース ホレイショ・ゲイツ	4/4/76－3/20/77 3/20/77－11/7/78 11/7/78－11/*/79
北部方面軍（ニューヨーク北部、ヴァーモント地方に展開）	フィリップ・スカイラー ホレイショ・ゲイツ ジョン・スターク エドワード・ハンド ジェイムズ・クリントン ジョン・スターク ウィリアム・アレグザンダー ジョン・スターク ウィリアム・アレグザンダー	6/25/75－8/19/77 8/19/77－4/17/78 4/17/78－10/19/78 10/19/78－11/20/78 11/20/78－6/25/81 6/25/81－10/15/81 10/15/81－11/21/81 11/21/81－8/29/82 8/29/82－1/18/83
南部方面軍（ヴァジニア、ノースカロライナ、サウスカロライナ、ジョージアに展開）	チャールズ・リー ロバート・ハウ ベンジャミン・リンカン ホレイショ・ゲイツ ナサニエル・グリーン	3/1/76－9/9/76 9/9/76－9/25/78 9/25/78－6/13/80 6/13/80－10/31/80 10/31/80－戦争終結時
ハイランズ方面軍（ニューヨーク市近郊に展開）	（略）	（略）
西部方面軍	（略）	（略）
カナダ方面軍	（略）	（略）

訳者あとがき

世界に冠たる軍事大国にして戦争大国でもあるアメリカ。現在、その世界最強の軍隊を統べる総司令官は、周知の通り大統領のブッシュである。一種の建前とはいえ、さしたる軍歴もない文民の彼が、種々の助言、補佐のもと、最終的になぜ全軍を統括しうるのか。様々な反対意見をものともせず、文民による軍事力の行使を保証しうるこのシステムは、いかにして歴史的に創り上げられてきたのか。独立革命の血の海より生まれ出たこの国を貫徹するシヴィリアン・コントロールの伝統について、本書はその嚆矢にまで遡って解き明かした刮目すべき研究である。

＊＊＊

象徴的に言うならば、アメリカ独立革命とは、一七六三年と一七八三年の二つのパリ条約に挟まれた二〇年間の物語である。フレンチ・インディアン戦争の結果、前者のパリ条約によってイギリス第一帝国はその威容を完成させ、後者のパリ条約によってアメリカ合衆国が正式に独立して第一帝国は瓦解した。しかしこの独立革命の物語は、のちのフランス革命に比べて一般に劇的でないとの印象がある。たしかに本国イギリスと大西洋を挟んで三〇〇〇マイル彼方のアメリカにおいては、革命の名の所以ともいえる王政からの離脱に際して、フランスのように実際に王の身体を抹殺する必要はなく、王の肖像や人形を燃やし、騎馬像を引き倒すだけでよかったし、フランス革命では主役が次々と屍を乗り越えて交代したが、独立宣言へのいわゆる「署名者」たちは、そのままアメリカの「建国の父」となりえた。また、もしパリが外国軍によって陥落したならば、フランス革命は早晩潰え去ってしまったであろうが、独立革命では、当時の中央政府・議会たる大陸会議が主に居を定めた首府フィラデルフィアの防衛にワシントンは失敗し、実際にイギリス軍によって攻略、占領されたにもかかわらず、大陸会議は各地を転々とするのみで、革命は決定的なダメージを受けず、イギリス軍もやがてフィラデルフィアからの撤退を選択することになるのである。

今日の超大国アメリカに至る道筋を知りすぎている我々は、あたかも独立革命の達成が必然であったかのごとき印象を抱きがちであるが、当時の人々の目線に立つならば、フランスの勢力を新大陸から駆逐した最強の軍隊たるイギリス軍を相手に軍事的勝利を収めるなどということは、寄せ集めの一三植民地にとって決して生易しいことではなく、いわば大きな賭けであったといえる。それゆえ独立宣言書へ署名するという行為——七月四日ではなく、八月二日からなされた——が当時、重い意味を持ちえたのであり、もしも軍事的敗北によって革命が水泡に帰した場合、署名者たちは反逆者として「一緒に首をくくられる」事態をも覚悟せねばならなかったのである。独立革命とは、何よりも軍事的勝利によって達成される、文字どおりの「独立戦争」であったことを再確認する必要があろう（戦争としての独立革命については、わが国でも斎藤眞氏や池本幸三氏、富田虎男氏らの優れた研究がある。また最近、松田武氏によるH・ペッカムの訳書も出版された）。たとえば独立宣言はなぜ、七月四日に発せられたのか。同年一月に上梓された『コモン・センス』の影響がしばしば指摘されるが、この特定の時期に独立を選択せざるをえなくなったのは、本国の軍事的攻勢によるところが大きい。体勢を立て直したイギリスの大艦隊が、カナダのノヴァスコシアからニューヨークへ向けて出航したのが六月上旬、同月二九日にはニューヨーク沖に到着したとの知らせが大陸会議に届いていた。つまりイギリス軍による大規模な侵攻作戦が、大陸会議に降伏か戦争かの選択を迫り、いわばルビコンを渡らせたのである。したがって数日後に発せられた独立宣言は、本国に対する正式な宣戦布告であると同時に、各植民地に向けての臨戦体制作りの要請でもあった。

独立戦争がもっぱら民兵によって戦われたというイメージも、大いなる誤解である。たしかに大陸軍結成以前の段階では、必要上、そうした事態もありえたし、それ以後でも、民兵が主役となる戦いがなかったわけではないが、イギリス軍と正面から対峙し、大陸大に転戦して継続的に戦闘行為を遂行するためには、正規軍の編成が不可欠であった。むろん民兵隊も必要に応じて正規軍とともに戦闘に参加したが、ワシントンはあくまでも正規軍＝大陸軍の総司令官なのであって、民兵隊の親玉などではない。独立戦争は、誕生したばかりでまだ名ばかりのアメリカ合衆国と、イギリス帝国との正規軍どうしの戦いなのである。また大陸軍は、未だ実体のないアメリカ合衆国に、最も端的なかたちで実体を付与した最初の組織ともいえる。戦争を通じて、萌芽的な国民意識が軍隊内に育まれていったのであり、ワシントンの部下たちが、後の政権において連邦派の中核をなしたのも故なしとしない。徹底した文民で、戦場を避けて転々としたジェファソンが、対立する共和派の領袖となったのとは対照的といえる。

＊　＊　＊

そもそも我々にとって最も身近なワシントンのイメージは、一ドル札のそれであろう。入れ歯で口を歪めた、初代大統領の勇姿である。わが国でもワシントンに関しては戦前から数多の記述がなされ、子ども向けの書物も多い。M・ウィームズの創作した桜の木の話などは、太平洋の両岸でポピュラーな逸話となっている。だがワシントンを取り巻く厚い神話のベールの彼方に、彼の真のイメージを結ぼうとするならば、それは一筋縄ではいかない学術的作業となる。むろん彼の残した膨大な書簡や日記――書簡は推計で一万八〇〇〇通ないし二万通、うち半分程度が自筆とされる――は、かなりの程度まで編纂作業が進んでおり、決して史料に事欠くわけではない。わが国において問題なのは、歴史研究の対象として――「偉人」伝としてではなく――客観的に彼について論ずるインセンティヴの欠如であろう（ただし今津晃氏の優れた研究は特筆に値する）。そしてアメリカにおいて問題なのは、彼がナショナリズムの深部に組み込まれているために、その真の脱神話化が難しいことなのである。むろんワシントンの種々の「欠点」や「限界」については、とりわけ六〇年代以降、数多く指摘され、マウント・ヴァーノンの奴隷墓地には新たに慰霊碑も建立されている。彼が死後、所有していた奴隷を解放した話はよく知られているが、正確には妻マーサの死後という条件が付されていたのであって、実子のない彼にとって、ある種の合理的な選択肢だったともいえる。ともあれこのような批判的研究と、アメリカの政治システムの原点に位置する彼の揺るぎない存在との間に、説得的な架橋がなされているとは言いがたい。ワシントンのイメージのベクトルは互いに相反し、明確な焦点を結ばない。それゆえ一ドル札の陰鬱な老人の顔のみが、堅苦しい彼のイメージを増幅させ続けるのである（ワシントンのイメージの変化については、B・シュウォーツやK・マーリングらの研究がある）。神話でなく歴史的事実としてワシントンの人となりを一言で言うならば、真面目な体育会系ということになろうか。彼はむろん上品なジョークを解し、エレガントな会話を楽しむジェントルマンの徳を身に付けてはいたが、本質において真面目であり、特に親しみやすい人物ではなかった。非常時に頼りになる親分肌ではあるものの、決しておおざっぱな性格でもなかった。若い頃に独学で測量術を学び、知力と体力の双方が要求される測量士として緻密な図面を残しているし、マウント・ヴァーノンではプランテーション経営の細部に至るまで掌握し、農業・経営・建築の才を遺憾無く発揮している。いわゆる学歴はなく、外国語は話せず、著書や論文の類を著すこともなかったが、彼の書簡の筆跡は力強く、強い意志と深い思索の跡を読み取ることができる。やや褒め上げ過ぎの感はあるものの、細かな計算と大胆な行動、言葉での説明と実際の行為による証明といった、静と動の双方をバランスさせた人物との印象は強い。

また、革命のように大きな社会変革時においては、軍事指導者が独裁者に変貌する例も散見されるが、ワシントンは違った（むろん彼を初め、将軍出身の大統領は多いが）。ナポレオンは皇帝になったが、ワシントンは王にならなかった。すでに生きながら伝説化の途上にあった彼が本当に望めば、王になることも可能であったろうし、本国の国王ジョージ三世はワシントンが王にならなかったことに驚きを隠せなかったという。非常に単純な説明ながら、ワシントン本人の謙虚な性格、そして共和主義者としての信条に、その主たる理由は求められよう。彼はのちに初代大統領としても様々な先例を作り上げてゆくことになるが、大陸軍の総司令官として共和主義を奉じ、革命中にシヴィリアン・コントロールの原則を守り抜いたことは、アメリカにとって非常に幸運だったといえる。いくら法律の文言に文民統制が刻み込まれようとも、それを厳格に守る伝統が軍隊内に醸成されなければ、絵に描いた餅となってしまうからである。本書で強調されているように、シヴィリアン・コントロールの伝統を身を持って創り上げたことこそ、軍人ワシントンのなした最大の貢献といえよう。

また本書では、ワシントンが若い頃、本国の正規軍にあこがれ、その将校任命辞令を渇望したことが指摘されているが、これは近年の研究で強調される植民地の「イギリス化」の証左となろう。ただし彼が、いわゆる軍事オタクでは決してなかったことは再度強調しておくべきであろう。彼は不必要な戦闘を極力回避しようと努め、民軍関係にも常に配慮を忘れなかった（そうしなければ戦争自体の遂行が困難だったのであり、人々が愛国心のみでは動かないことを、彼は冷徹に見通していた）。むろんここで言う民軍関係とは、政軍関係に止まらず、より広い民と軍との関係を指しており、本書を貫く重要な鍵概念に他ならない。しかし本書では、兵士の妻など、多くの民間の女性が軍隊内に組み込まれていた事実までは詳述していない。亡き夫に代わって大砲を撃ったモリー・ピッチャーの話は有名だが、このような女傑伝説とは別に、炊事・洗濯等、近世の軍隊における女性の非軍事的役割については留意されるべきであろう。

＊＊＊

これまでアメリカにおいてなされてきたワシントン関係の文書編纂事業や、上梓された伝記的研究は、文字どおり枚挙にいとまがない。現在、その最新の見取り図は、議会図書館のホームページ内、ワシントン関連文書のサイトに掲げられた参考文献一覧から網羅的に得ることができる（memory.loc.gov/ammem/gwhtml/gwbib.html）。ちなみにワシントンに関して有益なサイトはこの議会図書館のもののほか、『ワシントン文書集成』のホームページ（gwpapers.virginia.edu）、マウント・ヴァーノンのホームページ（www.mountvernon.org）などが挙げられる。『ワシントン文書集成』は、ワシントンに関連する文書を可能な限り渉猟し、六つのシリーズに分けて一九七〇年代後半から継続的に刊行している現在進行中のプロジェクトである。プロジェクトの始動は一九六九年で、現在、文書の一部はホームページ上でも閲覧できる。ワシントンの日記・書簡・文書のほか、ワシントンに宛てた書簡なども網羅し、まさにワシントン関連文書の集大成・決定版として、戦前に刊行されたJ・フィッツパトリックによる文書集成を凌駕する構成となっている（このフィッツパトリックの文書集成は最近電子化された。

etext.virginia.edu/washington/fitzpatrick で全三七巻が閲覧可能である）。計画完了時には九〇冊程度となる予定で、現在その半分弱まで刊行が進んでいる。またワシントンの伝記では、版を重ねたウィームズの物語的著作、史上名高い連邦最高裁長官J・マーシャルの手になる堅苦しい伝記など、一九世紀前半の古典的なものはともかく、戦後の学術的な伝記的研究としては、D・フリーマンの七巻本などが挙げられよう。そしてヒギンボウサムの著した本書も、とりわけ独立革命期のワシントンに関する必読文献として頻繁に取り上げられ、上記の議会図書館の参考文献一覧にも、むろん掲載されているのである。

＊　＊　＊

ドン・ヒギンボウサムは、独立革命期、とりわけその軍事史の権威で、一九五八年にデューク大学で博士号を取得し、長くノースカロライナ大学チャペルヒル校歴史学部教授として初期アメリカ史を講じている。南部歴史学会などの会長職や主要な学術誌の編集委員なども務め、前述の『ワシントン文書集成』の編集委員でもある。J・アイアデルの文書編纂といった地道な業績に加え、数多くの重要な著書・論文を物しており、*The War of American Independence: Military Attitudes, Policies, and Practice, 1763-1789* (1971); *Daniel Morgan: Revolutionary Rifleman* (1961) などは初期の傑作といえる。近年はもっぱらワシントンを研究の俎上に載せ、一九八五年にハードカヴァーで上梓された本書は（ペーパーバックは八七年）、主として軍事面からワシントンについて論じた記念碑的研究となった。その後、主に非軍事面からワシントンを考究する作業に着手し、その成果として、*George Washington: Uniting a Nation* (2002)、編著の *George Washington Reconsidered* (2001); *War and Society in Revolutionary America: The Wider Dimensions of Conflict* (1988) などの著書を精力的に発表している。彼は『バイオグラフィー』というアメリカで有名なテレビ番組（日本でもケーブルテレビのヒストリー・チャンネルで放映）において、ワシントンを扱った回に出演し、解説を加えており、彼のワシントン専門家としての一般の評価が揺るぎないものであることが了解されよう。

なお、本書を一読して、その記述が愛国的だと感じられる向きもあるかもしれない。この全体を貫くトーンこそ、アメリカにおける「正統」な（もしくは保守的な）アメリカ史の通奏低音に他ならない。本書はそういうものとして、いったん突き放して客観的に読まれる必要もあろう。ただし著者はあくまでも「文民」の歴史家であり、軍事史研究において強い影響力を有するいわゆる制服組の軍事史家たちに対しては、常に批判精神を忘れていないこともまた、明記しておかねばならない。概して制服組の軍事史家たちは戦闘そのものに目を奪われ、社会への眼差しが不十分になりがちであり、この社会と軍隊との関係性、民軍関係という視点にこそ、すぐれて「文民」の軍事史家たる著者の面目躍如たるものがあるといえよう。

＊＊＊

比較的小ぶりな本書ではあるが、種々の事情により訳業が予想外に遅れ、進捗状況に応じて翻訳の担当部分を適宜変更したため、分担がやや入り組んだ形となった。細かくなるのを承知の上で、訳業の分担を記せば次のようになる（ただし訳語や文体の統一のため、全文にわたって和田が再検討し、必要な場合には手を入れた。したがって誤訳等の責任はすべて和田にある）。和田が、はしがき、序、第一章、第二章の前半（〜七六頁）、第三章の初めの部分（〜一〇五頁）、森脇が、第二章の後半（七六頁〜）、第四章の初めの部分（〜一四三頁）、森が、第三章の大部分（一〇五頁〜）、望月が第四章の大部分（一四三頁〜）である。望月は索引の作成も担当した。なお註の英文の打込み作業の一部は早坂泰行氏（名古屋大学大学院博士課程）の手を煩わせた。また読者の便を考え、本文中に新たに図版を挿入するとともに、巻末には用語解説等を付した（写真は和田が撮影したもの。用語解説等の作成に際しては、R. K. Wright, Jr., *The Continental Army*, Washington, D.C., 1983 を参考とした）。

なお本文中の用語に関してであるが、連合規約発効（一七八一年）以後の大陸会議は正式には連合会議と称されるが、原文で特に両者の区別がないこと、革命当時も大陸会議の呼称の方が一般的であったことなどに鑑みて、特に衒学的な区分をせず、革命期間中を通じて大陸会議と訳出する方針を採った。また、あくまでも無理の生じない範囲内においてではあるが、日独旧陸軍との違いを強調するため、officer の訳語としては将校よりも士官、staff の訳語としては参謀より幕僚を多用している。

訳業が大幅に遅れたため、著者や木鐸社には多大のご迷惑をお掛けした。とりわけ編集を担当された坂口節子氏にはお詫びの言葉もない。氏のご尽力がなければ、本書をこのようなかたちで世に送り出すことは叶わなかったであろう。厚く御礼申し上げる次第である。

訳者を代表して　和田光弘

二〇〇二年九月

著者紹介

ドン・ヒギンボウサム（Don Higginbotham）
1931年生まれ。ノースカロライナ大学チャペルヒル校歴史学部教授（Dowd Professor）
著書：*George Washington: Uniting a Nation* (2002); *George Washington Reconsidered* (編著, 2001); *War and Society in Revolutionary America: The Wider Dimensions of Conflict* (編著, 1988); *The War of American Independence: Military Attitudes, Policies, and Practice, 1763-1789* (1971); *Daniel Morgan: Revolutionary Rifleman* (1961) 他。NY Revolution Roundtable Award, Outstanding Civilian Service Medal等を受賞

訳者紹介

和田光弘（わだ　みつひろ）
1961年生まれ。名古屋大学大学院文学研究科助教授
著書：『紫煙と帝国』（名古屋大学出版会、2000年、アメリカ学会清水博賞）、『アメリカ合衆国の歴史』（共著、ミネルヴァ書房、1998年）、『岩波講座世界歴史　第17巻』（共著、岩波書店、1997年）他

森脇由美子（もりわき　ゆみこ）
1963年生まれ。三重大学人文学部助教授
論文・訳書：「アメリカにおける職人の『伝統』と共和主義」（『西洋史学』185、1997年）、フット『記念碑の語るアメリカ』（共訳、名古屋大学出版会、2002年）、ウィレンツ『民衆支配の讃歌』（共訳、木鐸社、2001年）他

森　丈夫（もり　たけお）
1969年生まれ。福岡大学人文学部専任講師
論文・訳書：「ベーコンの反乱と17世紀ヴァジニア植民地の地域社会」（『西洋史学』194、1999年）、「チェサピーク植民地における雇用契約関係の秩序」（『歴史の理論と教育』106、1999年）、フット『記念碑の語るアメリカ』（共訳、名古屋大学出版会、2002年）他

望月秀人（もちづき　ひでと）
1973年生まれ。名古屋大学大学院文学研究科博士後期課程
翻訳：シュルツ「中世後期における手工業者遍歴と新市民」（共訳、『歴史の理論と教育』114、2003年）他

人名索引

ア行

カ行

サ行

タ行

ナ行

ハ行

マ行

ラ行

ワ行

将軍ワシントン

2003年10月30日第一版第一刷印刷発行 ©

著　者　ドン・ヒギンボウサム

訳者代表　和田光弘

訳者との了解により検印省略

発行者　坂口節子

発行所　(有)木《ぼく》鐸《たく》社《しゃ》

印刷　(株)アテネ社　製本　関山製本社

〒112-0002　東京都文京区小石川5-11-15-302
電話（03）3814-4195番　ファクス（03）3814-4196番
郵便振替　00100-5-126746　http://www.bokutakusha.com

乱丁・落丁本はお取替致します

ISBN4-8332-2345-7　C1023

〔知のフロンティア叢書　4〕

常識のアメリカ・歴史のアメリカ

■歴史学の新たな胎動

執筆者代表　金井光太朗

46判・314頁・2200円（1998年3刷）ISBN4-8332-2181-0

新たな政治史の胎動＝遠藤泰生　既得権と多数決＝金井光太朗　黄熱の首都フィラデルフィア，1793年＝山田太郎　ブラックストーン運河と19世紀初頭のニューイングランド社会の変容＝肥後本芳男　ジャクソン期インディアン強制移住政策とインディアン＝鵜月裕典

民衆支配の讃歌（上）（下）

Sean Wilents, Chants Democratic, 1984

S. ウィレンツ著　安武秀岳・鵜月裕典・森脇由美子訳

（上）A5判・336頁・3000円（2001年）ISBN4-8332-2294-9
（下）A5判・290頁・3000円（2001年）ISBN4-8332-2295-7

■ NY 市とアメリカ労働者階級の形成

19世紀半ば，NY 市における職人共和国生成の束の間の夢と，一方，メトロポリスの急激な変化とその崩壊した運動が残した精神へのレクイエム。本書は，いわばアメリカ民主主義の出現という壮大な主題に取り組んだ歴史叙述。

アメリカ政治文化史

Robert Kelley, The Cultural Pattern in American Politics: The First Century, 1979

R. ケリー著　長尾龍一・能登路雅子訳

46判・464頁・3800円（1987年）ISBN4-8332-2112-8

■建国よりの一世紀

本書は，伝統的な意味でのアメリカ政党史ではない。それを形作ってきた様々な人間集団の歴史として，建国期のアメリカを生きた普通の人々の生活意識や体験に基づく対立と連携の壮大なドラマを描く。

アメリカの黒人奴隷制論

清水忠重著（神戸女学院大学文学部）

A5判・332頁・5500円（2001年）ISBN4-8332-2306-6

■その思想史的展開

建国期から南北戦争期にかけて展開されたアメリカ合衆国の黒人奴隷制をめぐる様々な論争を思想史的に跡づける。その所論を　1．奴隷制反対・黒人移民論　2．奴隷制擁護論　3．奴隷制即時廃止・国内解放論の三つに大別し，夫々の論拠を実証的に検討することで現代にまで尾をひく，解消することのない矛盾の原点を解明。